AF227260

MISSION AMÉLINEAU

LE

TOMBEAU D'OSIRIS

MONOGRAPHIE

DE LA DÉCOUVERTE FAITE EN 1897-1898

PAR

E. AMÉLINEAU

Avec cinq Planches et un Plan.

PARIS

ERNEST LEROUX, ÉDITEUR

28, RUE BONAPARTE, 28

1899

LE

TOMBEAU D'OSIRIS

MONOGRAPHIE

DE LA DÉCOUVERTE FAITE EN 1897–1898

IMP. CAMIS ET Cie, PARIS. — SECTION ORIENTALE A. BURDIN, ANGERS.

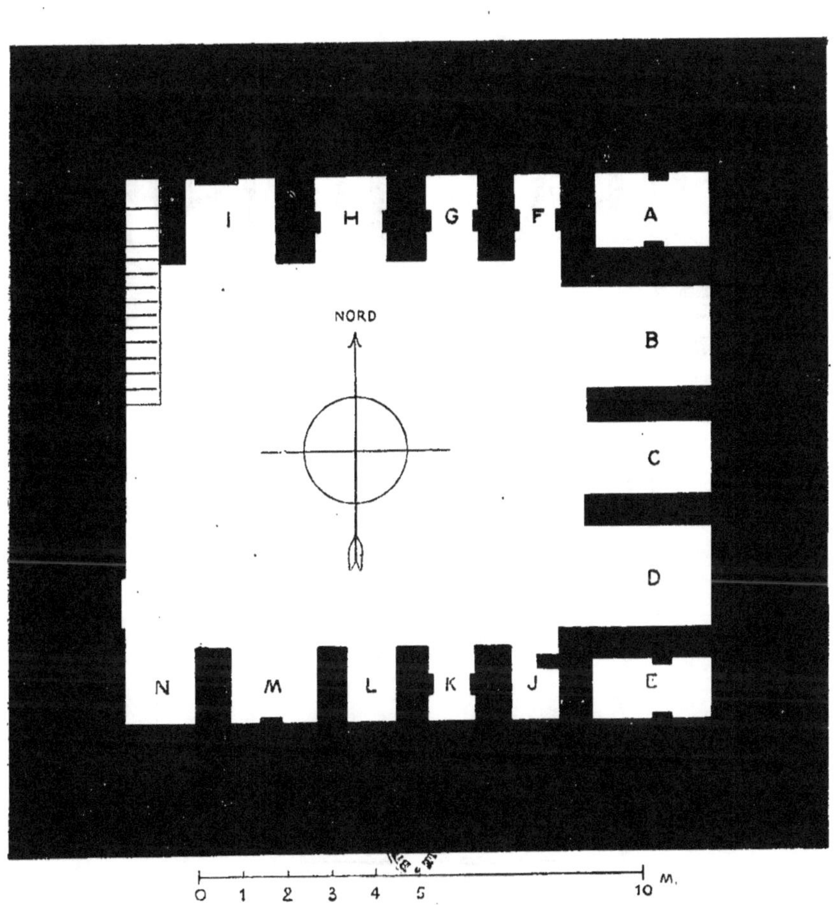

I
H
G
F
A
NORD
B
C
D
N
M
L
K
J
E
0 1 2 3 4 5   10 M.

MISSION AMÉLINEAU

LE

TOMBEAU D'OSIRIS

MONOGRAPHIE

DE LA DÉCOUVERTE FAITE EN 1897-1898

PAR

E. AMÉLINEAU

Avec cinq Planches et un Plan.

PARIS

ERNEST LEROUX, ÉDITEUR

28, RUE BONAPARTE

1899

PRÉFACE

L'opuscule que je publie aujourd'hui doit répondre, si j'en crois les lettres qui m'ont été adressées par plusieurs savants et si j'ai bien retenu les conversations que j'ai eues avec plusieurs autres personnes, au grand désir qui m'a été manifesté d'avoir au plus tôt une relation détaillée, scientifique autant qu'il me sera possible de la faire, de la découverte, désormais célèbre, qui a marqué les fouilles que j'ai conduites dans la nécropole d'Abydos pendant l'hiver 1897-1898. Cette publication que j'ai entreprise dans un laps de temps fort court appelle certaines réflexions que je me dois de faire passer sous les yeux du lecteur et sur lesquelles je dois au lecteur lui-même d'appeler son attention, tout en lui donnant certaines explications.

Tout d'abord je dois avouer que je ne conçois pas la grande hâte apportée à certaines publications des années dernières : je crois qu'il aurait beaucoup mieux valu, dans l'intérêt de ces publications elles-mêmes, attendre une année de plus et présenter au lecteur une œuvre plus puissamment conçue, plus étudiée, plus raisonnée et plus sérieuse dans les détails, qui se serait ainsi présentée aux lecteurs sous un aspect plus scientifique, qui se serait imposée avec plus d'autorité à l'examen du lecteur et qui aurait de la sorte emporté son assentiment tout au moins sur les problèmes les plus importants. Au contraire, la hâte fébrile mise dans la publication de certaines découvertes, de certains détails résultant de ces découvertes, afin d'arriver *bon premier* dans la course scientifique, a égaré les auteurs de ces publications dans un certain nombre d'erreurs, de fausses déterminations, d'oublis inconcevables, sans parler des manquements aux règles eodifiées et décrétées de la justice la plus élémentaire, qu'il serait très facile de dénoncer au grand public, de réfuter et de retourner contre leurs auteurs responsables. En écrivant ces paroles, je n'ai personne en vue, je n'attaque que le système. Il est évident, en effet, qu'avant d'apprécier en toute sûreté scientifique la valeur d'un point particulier d'une découverte, il faut placer cette découverte dans le cadre général des travaux dont elle n'est qu'une toute petite partie : si l'on n'a pas cette prudence, l'on s'expose à de graves mécomptes. Au fond la science n'est pas une course au clocher, un *steeplechase* comme disent les Anglais, où l'on ne doive avoir qu'un seul but, arriver le premier, au risque de se rompre le cou : non, la science n'est pas une course, c'est seulement un concours de toutes les bonnes volontés, de tous les talents, de toutes les énergies pour arriver à l'établissement de la vérité scientifique. Or, pour édifier le temple de la science, il faut des matériaux soigneusement choisis et travaillés qu'on emploiera et qui resteront; il ne suffit pas d'arriver en présentant une œuvre hâtive, mal équilibrée, qu'on pourra placer tout d'abord dans une partie de l'édifice, mais qui en sera enlevée plus tard et rejetée, comme étant de mauvaise qualité et ne réunissant pas le travail exigé. La belle avance de se jeter, comme des faméliques, sur un petit os à ronger, de le ronger consciencieusement et de s'écrier ensuite qu'on a rendu un éminent service aux connaissances humaines en étant le premier qui ait fait ce joli travail ! Si de pareilles mœurs s'introduisaient non seulement dans la science générale, mais aussi dans notre science particulière, ce serait à désespérer de l'avenir ; mais cet avenir tout au moins prendra soin d'éloigner les parasites qui auront cru un moment attirer à eux toute la sève de l'arbre et lui rendra sa beauté et sa croissance première.

Il n'y a qu'une seule raison qui puisse légitimer cette hâte fébrile : c'est l'obligation où l'on se trouve de faire paraître tôt, parce que, pour une raison ou pour une autre, le retard apporté serait si long que sans aucun doute la solution d'un problème en serait faussée. Ce fut le cas de M. de Morgan, tout au moins pour le second volume de ses *Origines de l'Égypte*, quoique cet ouvrage offre un trop grand nombre de points criticables : l'auteur en effet était obligé de partir pour un pays lointain, pour un temps considérable, et, s'il n'eût pas publié les observations qu'il avait faites au courant de l'hiver 1896-1897, il aurait couru le risque de voir le problème qu'il traitait soi-disant résolu avant qu'il n'eût pu publier les choses si intéressantes qu'il avait à dire et qu'il a dites. Mais tout autre est le cas de ces écumeurs qui, à peine voient-ils le champ libre, accourent sur les lieux, cherchent, grattent, inventent ou se laissent duper par les indigènes, et annoncent ensuite au monde que fort heureusement ils se sont trouvés là juste à temps pour empêcher la perte de documents considérables, cela sans savoir si les concessionnaires directeurs des fouilles n'ont pas eu en mains les mêmes documents. En parlant ainsi ce n'est pas seulement ma propre cause que je défends, je parle aussi des travaux exécutés en Égypte par d'autres fouilleurs, comme MM. Petrie et de Morgan, etc. Au fond, ceux qui agissent de la sorte sont des naïfs : ils offrent une proie toute préparée aux artifices des marchands indigènes; tout en voulant se faire passer pour malins, ils ne réussissent qu'à démontrer péremptoirement leur petite intelligence.

Le plus souvent, ceux qui offrent leurs avis intéressés à ceux qui ne les leur demandent pas sont ceux-là même qui par leur manière de travailler donnent précisément l'exemple du contraire. Leur paresse intellectuelle n'a d'égale que leur ignorance des conditions dans lesquelles on doit composer un ouvrage vraiment sérieux : ils croient béatement que l'on peut au bout de trois ou quatre mois publier un volume rempli de faits, quand ce temps n'a pas suffi à l'examen préalable des documents recueillis. Ils croient aussi qu'on peut mettre en état un volume de trois ou quatre cents pages au pied levé, sans se dire que pour remplir ce volume il faut avoir des faits précis. Leur grande erreur vient de ce qu'ils se font une fausse idée des fouilles : ils s'imaginent qu'en voyant un document ou un monument sortir de terre, on a la connaissance instinctive de la valeur et de l'importance de ce document ou de ce monument. L'expérience eût dû cependant leur apprendre, s'ils ont publié quelque volume digne de ce nom, que souvent, je dirais même trop souvent, les connaissances préli-

minaires de l'archéologie du monument ne sont pas dues à
l'intuition, mais à un travail sérieux et persistant. Aussi je ne
regarde pas les conseils donnés de la sorte, comme des conseils bien sérieux, car je sais à quoi m'en tenir par avance et
j'en ai eu bientôt la preuve en détournant apparemment le sujet
de la conversation et en la portant sur les travaux en cours,
depuis longtemps annoncés, de ces bons conseillers. Or, la
réponse ne se fait pas longtemps attendre : on n'est pas
pressé, les œuvres que l'on a dessein de publier ont bien
attendu six ou sept mille ans, elles peuvent bien attendre encore deux ou trois ans de plus. Je me garde bien de dire
quoi que ce soit, mais je ne puis m'empêcher de rire en moi-
même de la naïveté de ces habiles gens qui donnent aux
autres des conseils qu'ils sont les premiers à ne pas suivre :
medice, cura teipsum. Le lecteur qui sera un peu au courant
de ma carrière d'auteur doit savoir si j'ai plutôt encouru le
reproche de lenteur ou celui de précipitation dans mes publications, bonnes ou mauvaises. Aussi je ne puis assez m'étonner
en moi-même, car il ne faut pas être un grand philosophe
pour en comprendre la raison, que ceux qui m'avaient con-
seillé autrefois de ne pas apporter une aussi grande activité
à publier soient précisément les mêmes qui m'avertissent
aujourd'hui de me hâter. Je les avertis en toute sincérité que
j'écouterai leurs conseils, mais que je ne ferai que ce qui
me semblera bon dans mon for intérieur, que je continuerai
à faire dans l'avenir ce que j'ai fait dans le passé et que je
publierai mes œuvres quand mon heure sera venue, et que je
croirai devoir les publier.

Aussi, si je publie aujourd'hui cet opuscule sur le tombeau

d'Osiris, ce n'est point pour satisfaire à des conseils intéressés, perfides ou simplement malins, c'est que j'ai cru devoir le faire en mon âme et conscience, à cause de la très grande importance de la découverte qui s'est produite. Grâce au concours de la presse quotidienne et de certaines revues, il n'est presque point aujourd'hui d'homme se tenant un peu au courant de la marche de la science qui ne sache que j'ai découvert, ou cru découvrir, la tombe d'Osiris, pendant les fouilles que j'ai dirigées à Abydos. Comme cette découverte est extraordinaire ou me semble telle, que je l'ai dit, écrit, soutenu en toutes circonstances, l'esprit de ces hommes de bonne foi demande à savoir à quoi s'en tenir et je leur dois de les mettre à même de porter un jugement motivé sur la question. Mais pour porter ce jugement motivé, il ne me semble pas nécessaire d'étudier tous les faits qui ressortissent à cette découverte, car je déclare simplement et franchement que je n'en serais pas capable à l'heure actuelle, puisqu'il me faudrait embrasser toute la suite de mes trois années de fouilles et que je n'ai pas encore conscience d'avoir résolu à ma satisfaction tous les problèmes qui se posent à leur occasion : il me suffira de prendre les points les plus importants, de les mettre de mon mieux en lumière, et de justifier les conclusions que j'aurai cru devoir en tirer, et c'est là, je crois, tout ce qui est désirable en l'espèce, laissant l'examen des points secondaires pour le volume où je rendrai compte de tous les travaux que j'ai exécutés pendant l'hiver dernier et de leurs résultats.

Mais ne devrai-je point autre chose aux hommes dont j'ai parlé? Il me semble que je leur dois encore et que je me dois à

moi-même de leur parler des objections qu'on a élevées entre
l'attribution que je faisais à Osiris du tombeau que j'ai découvert et de réfuter de mon mieux ces objections. Jusqu'ici ces
objections ne se sont fait jour que dans la salle des réunions
de l'*Académie des Inscriptions et Belles-Lettres* : elles sont
venues de la part de M. Maspero qui les a ensuite résumées
dans les *Comptes rendus* des séances et ce résumé a été publié
après la note que le Bureau de l'Académie des Inscriptions et
Belles-Lettres a bien voulu accepter de ma part pour la publier.
A ce sujet, je dois remercier publiquement M. Longnon, président de l'Académie, de m'avoir bien voulu conserver la parole
pendant trois séances consécutives et de m'avoir donné lieu de
réfuter de mon mieux les opinions émises par mon contradicteur. Je remercie aussi l'Académie tout entière pour m'avoir
écouté développer les preuves que je croyais pouvoir donner
à l'appui, non pas de mon hypothèse, car c'est autre chose
qu'une hypothèse, mais de l'identification certaine que j'ai
faite du monument découvert dans mes fouilles de cette année.
Puis-je dire qu'en rapprochant cet accueil, sinon convaincu,
du moins attentif, de la manière différente dont on avait reçu
une autre communication dans une circonstance semblable,
j'ai tout lieu de me féliciter de l'attention qu'on a prêtée à ce
que je disais, de l'honneur qu'on m'a fait de discuter les
propositions de mon identification et de m'accorder tout le
temps que je voulais pour présenter mes preuves dans la lumière que je préférais.

Il n'a pas tenu à moi que les objections qui ont été présentées n'aient été plus sérieuses et plus scientifiques : à vrai
dire, je crois que ce sont plutôt des nuages amoncelés avec

une apparente habileté pour obscurcir momentanément la
lumière que je croyais avoir fait briller, mais, au pis aller, il
n'était pas difficile de faire évaporer ces nuages factices ou de
les crever d'un coup d'épingle, car un seul coup aurait suffi.
Si j'ai cru devoir répéter les coups d'épingles et les rendre
assez sensibles pour que tout le monde s'aperçût que les
nuages se dégonflaient, c'est qu'il s'agissait, non de mon
honneur particulier, ou même de l'honneur de l'*Académie des
Inscriptions et Belles-Lettres* que je ne suis pas chargé de défendre, mais de la vérité ou de ce que je croyais être la vérité.
Dans ces sortes d'occasions, je ne regarde pas mon intérêt
particulier, je n'ai d'yeux que pour l'intérêt général qui me
semble devoir peser dans la balance plus que tous les petits
avantages pouvant résulter pour moi d'une conduite opposée :
je n'ai plus aucun souvenir des égards que je devrais peut-
être en toute autre circonstance à l'âge, à une plus grande
science et à une réputation autrement étendue que la mienne,
je ne vois que l'affirmation de ce que je crois être une erreur
et je fais tous mes efforts pour faire partager mon opinion,
tout en me contenant dans les bornes les plus étroites de la
politesse, car je pense qu'on doit toujours rester honnête même
avec ses adversaires les plus ardents dans le maintien de
l'opinion contraire. Il ne s'agit ici que d'un débat scientifique
et j'estime qu'il doit rester complètement scientifique : tant
que l'on ne m'attaquera pas ouvertement sur d'autres ter-
rains, j'en userai de la sorte, même avec ceux qui ne semblent
pas apporter à ce débat toute la bonne foi désirable. Je me
réserve d'appliquer des mots durs à ceux dont les actes, et
non plus les paroles écrites dans la discussion, ne me sem-

blent pas des plus honnêtes et ne méritent aucun adoucissement de la part d'un adversaire qui discute et agit loyalement. Je mets une grande différence entre cette seconde sorte d'adversaires parlant à cœur ouvert, même quand ils ne me prodiguent pas de douceurs, et ceux dont j'ai parlé en commençant cette préface.

Peut-être quelques personnes ne trouveront-elles pas cette conduite de ma part dans cette discussion aussi habile qu'elles le pourraient souhaiter; du moins, elles me rendront le témoignage qu'elle est franche et sans ambiguïté. Je ne vois pas pourquoi je ne me défendrais pas quand on m'attaque, et j'estime que c'est m'attaquer quand on emploie des moyens cachés pour parvenir à m'atteindre plus sûrement. Je travaille de mon mieux afin de me rendre utile aux études que j'ai entreprises et auxquelles je me suis voué : si je ne peux obtenir qu'on me laisse travailler en paix, du moins je suis bien disposé à obtenir la tranquillité à laquelle j'aspire par le juste emploi des moyens qui sont à ma disposition. Je ne me soucie que très modérément d'avoir des luttes corps à corps, c'est pourquoi je laisse dire et faire tant qu'on ne dépasse pas une certaine mesure que j'ai fixée en moi-même : si cette mesure est dépassée, comme j'estime que certaines gens l'ont dépassée cette année, je me défends. Je sais bien qu'on a l'habitude de crier contre ceux qui en usent de la sorte et je connais tout comme un autre les vers du fabuliste :

> Cet animal est fort méchant
> Quand on l'attaque il se défend;

mais je suis disposé à me défendre, de quelque côté que me vienne l'attaque déloyale : on n'a qu'à ne pas m'attaquer, je ne me défendrai pas. Surtout, je ne laisserai pas sans protestation les actes frauduleux des hommes malhonnêtes qui s'efforcent de profiter des divergences politiques pour venir à bout d'un adversaire qui a le malheur de travailler avec acharnement, de tromper les hommes honnêtes par l'affectation d'un amour extraordinaire de la chose publique ou de la science, lorsqu'au fond ils ne cherchent qu'à se débarrasser d'un collègue gênant parce que heureux. Je serais fâché qu'on appliquât mes paroles à des émules qu'elles ne visent pas : je me glorifie d'avoir les meilleurs rapports scientifiques et amicaux avec tous mes devanciers dans l'art de faire des fouilles ; j'espère que je conserverai ces bons rapports. Je ne vise seulement que ceux qui ont voulu, l'hiver dernier en Égypte, me faire retirer le bénéfice scientifique de mes travaux : je ne leur ferai pas l'honneur de les nommer, ils se reconnaîtront d'eux-mêmes et ce sera la punition de leurs bonnes actions à mon égard. Je ne leur en veux pas d'ailleurs autrement, car leur conduite pleine de jalousie est la preuve la plus éclatante que je pouvais désirer de l'importance de mes travaux.

E. Amélineau.

La Tremblaye, juin 1898.

LE TOMBEAU D'OSIRIS

CHAPITRE PREMIER

LES CONDITIONS DE LA DÉCOUVERTE

La découverte de la tombe d'Osiris n'a pas été, à proprement parler, l'œuvre de la dernière campagne des fouilles que j'ai dirigées à Abydos : elle est au contraire la résultante éloignée des trois années de travaux exécutés dans la nécropole de la ville sainte d'Osiris et la résultante prochaine, si je puis ainsi m'exprimer, des fouilles opérées sur le site de la quatrième ou grande butte qui recouvrait le sépulcre d'Osiris. Aussi, en rendant compte de cette découverte qui est assurément l'une des plus grandes et l'une des plus importantes faites dans le domaine de l'archéologie égyptienne, en donnant à ce compte rendu toutes les proportions souhaitables, afin de permettre au lecteur de se faire une idée par lui-même des travaux que j'ai exécutés et des résultats qu'ils ont produits, je ne peux faire autrement que de reprendre les choses un peu de haut, afin de mettre le lecteur au point. De la sorte, j'aurai l'occasion d'exposer mes vues sur la découverte que j'ai faite, qui a eu un si grand retentissement et de discuter tous les renseignements que comporte la question.

Ce n'est pas la première fois qu'un archéologue recherche le tombeau d'Osiris : l'illustre Mariette ne s'était pas caché de faire de cette découverte le but qu'il s'était proposé en fouillant l'ancien site d'Abydos. A plusieurs reprises il avait cru mettre la main dessus, notamment en fouillant la butte de Kom es-Soultan, puis en découvrant au nord-est du temple que Séti Ier avait fait construire à peu près au centre de l'ancienne ville ou du moins du territoire qu'elle occupait, la chambre murée qui se trouve à cet endroit; mais à chaque fois il avait vu ses espérances déçues et il l'avait avoué avec cette bonne foi qui le caractérisait, qui s'exprimait sans le moindre artifice, car Mariette était un grand savant qui mettait la science avant et au-dessus de tout. Quoiqu'il ne s'en soit pas exprimé expressément, on peut cependant conclure de la persistance de ses recherches qu'il ne voyait absolument rien d'extraordinaire à admettre la réalité historique d'Osiris, car s'il n'avait pas cru devoir rencontrer dans le tombeau qu'il cherchait la célèbre relique d'Osiris, il n'aurait sans doute pas attaché une aussi grande importance à la découverte qu'il s'obstina à rechercher pendant dix-neuf années. S'il n'y réussit pas, il ne faut pas chercher ailleurs la cause de son insuccès que dans l'obligation où il se trouvait d'être à la fois au Caire et dans tous les lieux où il faisait exécuter des fouilles, c'est-à-dire dans presque toute l'Égypte, car cet homme prodigieux, ayant tout à créer dans un service aussi important que celui dont il était l'inspirateur et le chef, trouvait encore moyen de diriger les travaux sur les chantiers les plus divers et les plus éloignés, ressortissant à toutes les époques de l'histoire égyptienne à la fois. Il lui aurait fallu l'ubiquité simultanée pour diriger efficacement les travaux merveilleux qu'il a cependant su mener à bonne fin et dont il a tiré tous les renseignements qu'il en pouvait tirer; malheureusement il était homme, partant soumis à toutes les faiblesses inhérentes à l'espèce humaine et il ne pouvait avoir qu'une ubiquité successive. Abydos fut l'une des localités qu'il sacrifia, car, à part deux séjours, l'un de quarante jours, l'autre de trois mois, qu'il y fit à l'époque des fouilles, il n'accorda pas à cette localité plus d'intérêt qu'il n'en accordait aux lieux ordinaires de l'Égypte. Cependant, à deux reprises différentes, il avait failli rencontrer ce qu'il cherchait, la première fois quand il fouilla ce qu'il nomme le petit temple de l'Ouest qui était seulement à trois cents mètres de la première colline d'Om el-Ga'ab, la seconde fois quand il fit exécuter quelques sondages à Om el-Ga'ab même et qu'il n'attacha presque aucune importance aux objets brisés que l'on y avait rencontrés. Il était nécessairement obligé de s'en rap-porter aux dires des indigènes qu'il employait comme *réis* des travaux qu'il ordonnait de faire : ces *réis* n'avaient pas grande intelligence, ils n'avaient aucun élément de l'instruction préliminaire que nécessitent de tels travaux, ils ne recherchaient guère que des stèles ou des monu-ments écrits, poussés en cela par Mariette lui-même, et ils mettaient soigneusement dans leur poche tous ou à peu près tous les petits ob-jets intacts qu'ils rencontraient, les vendant ensuite aux voyageurs. Au fond, le hasard faisant souvent bien les choses, l'heure n'était pas ve-nue où l'intérêt et l'importance de la découverte auraient été reconnus comme elle le méritait, et je dois m'estimer très heureux qu'il en ait été ainsi, regrettant cependant que mon illustre prédécesseur n'ait pas eu la gloire qu'il méritait si bien de mettre la main sur le tombeau qu'il recherchait. Le flair qu'il avait pour les monuments archéologiques était si grand qu'il avait parfaitement deviné une relation quelconque entre la chambre fermée située au nord-est du temple de Séti I⁰ʳ et le tombeau d'Osiris : en effet, cette chambre a été bâtie à l'imitation de celle qui existait exactement au même endroit du tombeau d'Osiris, car ce temple tout entier a été construit, autant qu'il était possible, à l'image de la tombe sacro-sainte que renfermait la nécropole d'Abydos. Comme cette chambre ne comprenait absolument rien de ce qu'il recherchait, Mariette désespéra de le rencontrer jamais, comme il désespéra de ren-contrer les deux premières dynasties et la mort vint mettre un terme à ses espoirs et à ses travaux. Malgré tout, je devais à la mémoire de ce grand homme de dire ici, ce qu'il avait fait pour Abydos, car, si jamais il n'avait donné l'impulsion par ses travaux inoubliables, sans le moin-dre doute, je n'aurais pas été envoyé pour interroger à mon tour les en-trailles de la terre dans la nécropole abydénienne.

L'exemple de Mariette n'était guère propre à me faire concevoir l'es-pérance d'arriver aux découvertes des trois dernières années : aussi, quand on m'eut indiqué le site d'Abydos comme le théâtre des travaux que j'avais à exécuter, les craintes que je conçus furent-elles vives, car, que pouvais-je espérer de trouver, moi, un nouveau venu dans les fouilles, lorsqu'un vétéran comme Mariette n'avait rien trouvé de ce qu'il aurait voulu rencontrer? Ce ne fut donc pas sans une certaine crainte que je me rendis sur le terrain qui m'avait été assigné. Cette crainte avait été partagée par les hommes généreux qui avaient pris à leurs charges les frais occasionnés par les fouilles, mais ils en revinrent bientôt. En effet, dès mon arrivée dans l'un des villages modernes qui s'élèvent aujourd'hui sur le site de l'ancienne ville et mon inspection de a nécropole, je fus frappé de ce qui restait encore à faire et l'embarras dans lequel je me trouvai provint précisément de la trop grande abondance des tombes dans une nécropole immense qui mesure environ 8 kilomètres de longueur, sinon plus, et 3 kilomètres dans sa plus grande largeur. Je me décidai d'abord pour des fouilles expectatives, puis peu à peu je m'acheminai vers un site curieux de la nécropole que les indigènes appelaient Om el-Ga'ab, je fis fouiller la première colline ou butte qui se présenta à moi, suivant toujours les règles scientifiques dont je m'étais promis de ne pas m'éloigner et dont je ne me suis pas éloigné en effet. Mon début fut heureux, mais il n'en fut pas de même de mon second pas, car je restai un mois presque entier sans rien trouver de ce que je cherchais : ce fut une rude épreuve. et je ne m'attendais point à ce que les objets que je trouvais en très petit nombre d'ailleurs dussent acquérir, par la suite de mes découvertes, une aussi grande importance. Je ne savais alors presque rien des découvertes que M. Petrie avait faites au courant de l'hiver précédent; tout ce que j'en savais provenait de la lecture des quelques articles que ce très habile, très consciencieux et très heureux fouilleur avait publiés dans l'*Academy*. Aussi étais-je bien loin de penser que je pouvais rencontrer des tombeaux dans le genre de ceux que M. Quibell et lui avaient rencontrés, le premier à Ballas, le second à Toukh, ou, comme il le dit, à Neggadeh [1], et cependant j'en trouvais d'identiques, comme

____

(1) Si M. Fl. Petrie a intitulé le volume dans lequel il a rendu compte de ses fouilles

je le sus le jour où je rencontrai un squelette dans la position dite contractée. Alors, je fus à peu près certain de la grande importance historique des tombeaux que j'explorais et je me rappelai aussitôt un texte que j'avais publié et traduit, mais dont j'avais été bien loin de soupçonner l'importance pour les travaux qui devaient m'occuper plus tard à Abydos.

J'avais en effet publié en 1894, dans les *Mémoires de la Mission permanente française au Caire*, un fascicule dans lequel j'avais réuni tous les fragments en dialecte thébain des *vies* de certains moines illustres en Égypte, et même ailleurs. L'un de ces fragments avait rapport à un certain moine Moyse né à Balianâ (ⲧⲛⲟⲩⲣⲁⲛⲏ), ayant construit un couvent à Abydos (ⲉⲃⲱⲧ) et dont la vie presque tout entière s'était passée à détruire tous les monuments que l'art égyptien avait rassemblés dans la ville d'Abydos. Ainsi que je le crois, ce moine avait vécu au vi[e] siècle de notre ère [1]. Parmi les chefs-d'œuvre qu'il perpétra au nom du plus grossier fanatisme est raconté le pillage qu'il exerça *dans la montagne*, comme il est dit [2], pillage qui dut demander des jours nombreux et des ouvriers plus nombreux encore, car j'y ai employé en trois années douze mois entiers avec une moyenne de 250 hommes par jour [3]. Dès mon arrivée à Abydos, j'avais lié connaissance avec le *gommos* [4] du couvent construit par Moyse, car ce couvent existe toujours, ayant toujours été renouvelé à mesure qu'il tombait en ruines ; je lui avais parlé de Moyse dont on montre le portrait conservé avec un soin jaloux [5], et je lui avais

Naqadâ (Neggadch), c'est qu'il avait établi son campement sur le territoire de ce village, au nord, et qu'il a désigné sous ce nom toute la nécropole par lui explorée.

(1) E. Amélineau, *Vies de quelques moines égyptiens* dans le tome IV des *Mémoires publiés par les membres de la Mission permanente française au Caire*, p. 506. C'est ce qui résulte de l'ensemble des vies que j'ai publiées dans ce fascicule.

(2) *Ibid.*, p. 685.

(3) Il ne faut pas s'étonner de ce chiffre qui a même été porté la première année à 450, car, ainsi que je l'ai expliqué ailleurs, ces ouvriers n'étaient employés que pour le déblaiement des décombres à la surface et au-dessus des tombes.

(4) Ce mot *gommos*, prononciation de la Haute-Égypte, est le mot *hégoumène* ἡγούμενος ; c'est le supérieur du couvent.

(5) Ce portrait n'est authentique que pour les touristes assez simples pour croire à cette authenticité ; car je suis bien persuadé que les Coptes, eux-mêmes, ne le regardent pas comme tel.

demandé si par hasard on n'avait plus une traduction arabe de la *vie* de
Moyse ou simplement un abrégé de la *vie* arabe entré dans le *Synaxare*
ou martyrologe. Il me répondit que la traduction arabe n'existait pas,
ce dont je ne suis pas encore certain malgré son témoignage, mais qu'au
contraire l'abrégé de la *vie* existait bien dans le *Synaxare* et il me le
montra. Je fus ravi tout d'abord, mais mon ravissement fut de courte
durée, car si jamais abréviateur ne fut point à la hauteur de sa tâche,
ce fut bien celui qui se chargea de faire le résumé de l'histoire de Moyse
pour le mettre dans le martyrologe local, ou, comme nous disons, dans
le *Propre des saints* particuliers à chaque église ou à chaque diocèse.
En le parcourant, je vis que cet abréviateur avait simplifié sa tâche en
s'en tenant presque exclusivement à des exclamations dans le genre de
celle-ci : « Gloire à notre père, qu'il est grand, qu'il fut généreux ! etc. »
Cependant pour le sujet qui m'occupe ici le scribe était allé jusqu'à
écrire : « Il a opéré des merveilles dans la montagne de Haroub [1]. » Et
c'est tout. Le texte copte heureusement est plus prolixe, mais fort malheureusement toute la fin du récit manque. Voici ce qu'il en reste :

« Lorsqu'ils eurent entendu ces choses..... (ils choisirent) quarante
hommes ayant dans leurs mains des flèches de combat, ils les en-
voyèrent tendre une embuscade dans toute la montagne d'Ebôt, afin de
tuer apa Moïse et les frères, car ceux-ci ne pouvaient pas aller vers le
nord à la fête, car les soldats du roi étaient en ce lieu-là gardant le *peri-
aston* et à cause des Mastiques. Mais apa Moïse avec les frères alla
d'abord à la montagne : ils montèrent sur la colline, car ils étaient au
nombre de cinq : apa Moïse, apa Élie, apa Paul, apa André et apa Ab-
raham le fils de leur sœur. Apa Joseph leur frère, qui était dans le village, entendit la chose, il vint chercher ses frères, il les trouva, il s'ap-
procha d'eux sur la montagne. Un ange le rencontra, il les lui indiqua
du doigt sur la colline, et Joseph, alla vers eux, il leur apprit ce qu'on
avait décidé contre eux. Apa Moïse dit : « Reste près de nous cette nuit,
« jusqu'à ce que nous ayons vu ce que Dieu fera. » Apa Moïse avec ses
frères se tint debout en prière depuis le soir jusqu'à la septième heure
de la nuit, et voici qu'un ange parla avec Moïse disant : « Courage, ô

« apa Moïse, tourne-toi, prie pour le renversement du temple d'Apollon,
« car le Seigneur t'a entendu et il tirera vengeance de tous les temples
« d'Ebôt et de leurs prêtres éternellement. » Apa Moïse pria, disant :
« Dieu qui as pris vengeance des prêtres de Bel par Daniel, qui as détruit
« leur temple et les prêtres de Baal, qui les a tués par la main d'Élie ;
« maintenant donc, ô Seigneur, que ton nom prenne gloire et, comme
« tu as détruit la tour que bâtirent autrefois les enfants des hommes, ayant
« dispersé le peuple qui se réunissait près d'elle, que maintenant donc,
« Seigneur, ton nom prenne gloire... » Sur l'heure le temple remua, les
Hellènes eurent peur, ils ouvrirent les portes, ils sortirent, courant chacun à sa tribu : seuls les prêtres restèrent, comme si leur dieu ne devait pas permettre au mal de les saisir, car ils disaient que leurs dieux
étaient allés vers eux dans leurs temples, c'est pourquoi ils restèrent
jusqu'à ce que la ruine tombât sur eux. Et sur l'heure, le temple d'Apollon tomba, vingt-trois prêtres moururent, et aussi sept esclaves. A l'heure
de la lumière quatre temples tombèrent aussi et pas un homme ne recom-
mença à faire des réunions à la montagne d'Ebôt pour faire des sacri-
fices jusqu'à ce jour, parce qu'étaient morts ceux qui les trompaient, et
à la fin les Hellènes devinrent chrétiens, ainsi que les fils des prêtres.
Mais apa Joseph l'évêque s'endormit avec ses pères... [1] »

Sans doute ce récit a trait à la destruction du temple de Séti Ier, mais
aussi à tout l'ensemble des actes perpétrés par Moyse dans la nécropole
d'Abydos, comme l'indiquent les mots : *dans la montagne* d'Ebôt. Il
ne faut donc par le localiser.

Ce qui ressort de ce récit et aussi de la vraisemblance des opérations,
c'est que les moines de Moyse mirent un temps considérable à parache-
ver leur œuvre néfaste et que ce fut seulement à la fin qu'ils éprou-
vèrent de la résistance de la part de leurs concitoyens d'Abydos. Quant
à savoir comment finit cette tentative de résistance de la part des habitants de la ville sainte d'Osiris, c'est une question qui pourrait peut-être

____

(1) E. Amélineau, *Monuments pour servir à l'histoire de l'Égypte chrétienne aux* ive,
v[e] *et* vi[e] *siècles,* dans les *Mémoires publiés par les membres de la mission archéologique
française au Caire,* t. IV, fas. 2, p. 685-687.

Tombeau d'Osiris.

être résolue par certaines constatations que j'ai faites au cours de la seconde année ; mais la solution de cette question m'entraînerait trop loin : il me suffira de dire que vraisemblablement les moines de Moyse eurent la victoire finale, puisque la spoliation se fit complète tout au moins pour une grande partie de la nécropole, s'il en faut excepter le tombeau de Set et de Horus que j'ai fouillé pendant la seconde année. Mais ce récit est-il bien fidèle ? De prime abord on n'a aucune raison de douter de l'exactitude du moine qui écrivit la *vie* de Moyse ; toutefois, en admettant que ce moine ait pu se laisser porter à certaines exagérations de récit, à quelques emplois du merveilleux tel qu'il le comprenait et tel que nous ne pouvons un seul instant le suivre dans cette voie, je dois dire que le fond du récit, sinon les circonstances, car il est complètement impossible de contrôler les circonstances croyables du récit, est de la plus scrupuleuse exactitude. Les découvertes faites au cours des fouilles pendant les trois années l'ont démontré avec une abondance de preuves telle qu'il n'y a plus rien à désirer. La première année j'avais rencontré, au cours de mon exploration des tombeaux que je mettais au jour, certains fragments de vases en pierre dure portant des inscriptions en lettres coptes qui ne laissaient aucun doute sur le passage des adeptes du christianisme : entre autres, j'avais trouvé écrit sur un fragment de vase en albâtre le mot IⲰANNHC, Jean, nom chrétien caractéristique dans sa forme grecque. La seconde année, j'avais également trouvé tout au fond des chambres du tombeau de Set et de Horus un fragment de vase en pierre schisteuse ardoisière contenant aussi des lettres coptes tracées au charbon ; de plus, autour des fouilles nécessitées par l'exploration de cette vaste tombe, j'avais rencontré des fragments d'habits, des ceintures d'époque copte et ayant vraisemblablement appartenu à des moines, car l'habit des séculiers ou des laïques est facilement spécifiable des habits portés par les moines. Cette année, si j'avais eu besoin de preuves plus nombreuses, j'en aurais trouvé en si grand nombre que je n'eusse pu en souhaiter de plus nombreuses. J'ai d'abord trouvé des dessins nombreux tracés au charbon ou à la craie sur des tessons de poterie : des croix coptes telles que celles qu'on trouve à la pre-

mière page des manuscrits coptes, des grecques, des oiseaux invraisem-
blables, d'une exécution naïve, comme ceux que les enluminures de
certains manuscrits de même origine contiennent dans les marges, au
haut et au bas des pages : c'est le même style, la même facture, la même
naïveté dans l'exécution et dans le rendu. Quelques-uns de ces dessins
ont été trouvés dans la couche supérieure des décombres, mais d'autres
au contraire ont été rencontrés au fond des tombeaux, notamment du
tombeau d'Osiris. En particulier au fond de la chambre I a été trouvé
sur un fragment de vase cylindrique en albâtre une tête dessinée au
charbon que tout porte à croire être une tête de Christ; de même, au
fond d'un tombeau bordant celui d'Osiris un vase cylindrique, le plus
grand que j'aie jamais vu et trouvé, portait écrit à l'extérieur les deux
lettres coptes ⲁϯ. Enfin, presque à la fin des fouilles de la grande colline,
je trouvai un fragment de poterie contenant des noms propres tous portés
par des moines célèbres : Schenoudi, Paul, Victor, Démétrius : Ϣⲉⲛⲟⲩⲧⲉ,
Ⲡⲁⲩⲗⲟⲥ, Ⲃⲟⲕⲧⲱⲣ, Ⲇⲓⲙⲓⲧⲣⲓⲟⲩ, etc. Que souhaiter de plus? Les spoliateurs
ont été tellement consciencieux dans leur œuvre, qu'ils n'ont pas su ré-
sister à cette manie si profondément humaine, qui consiste à écrire son
nom dans un lieu où l'on a passé : le scribe qui écrivit ces noms ne se
contenta pas du sien et écrivit aussi ceux de ses compagnons, persuadé
qu'ils arriveraient à la postérité, et sur ce point il ne s'est pas trompé,
mais il a été dans une profonde erreur s'il a cru que la postérité admi-
rerait l'œuvre dont il souhaitait de faire savoir qu'il avait été l'un des
auteurs. De ce côté donc, il n'y a aucun doute possible : la nécropole
d'Om el-Ga'ab a bien été spoliée par les Coptes ou les moines de Moyse
et, comme l'effort des spoliateurs s'est borné à cette partie de la nécropole abydénienne, il n'y a pas à chercher ailleurs le site que spolièrent
les moines de Moyse. Par conséquent, la première condition dans laquelle devait être la tombe d'Osiris que j'ai trouvée dans cette partie de
la nécropole était le pillage de la tombe elle-même et des tombes
avoisinantes, supposé tout d'abord qu'il y en eût. Le lecteur sait dès
maintenant que malheureusement pour moi cette condition a été
amplement réalisée.

Mais cette première condition n'était qu'une condition extérieure, si je puis m'exprimer de la sorte, et par l'époque à laquelle elle est entrée en ligne de compte et par son origine; il y en avait d'autres plus importantes sur lesquelles je dois maintenant attirer l'attention du lecteur.

La mention du tombeau d'Osiris en Abydos est fréquente dans les textes égyptiens qui y font des allusions plus ou moins étendues. L'une des allusions consiste à nommer ce tombeau par l'une de ses parties, laquelle avait paru tellement merveilleuse aux contemporains que, longtemps après, alors que l'emploi de cette construction fut devenu ordinaire dans la civilisation égyptienne, on continua d'employer cette désignation d'une manière courante pour parler du tombeau d'Osiris : on l'appelait l'*escalier* du Dieu Grand. La métaphore comportait nécessairement l'existence de l'escalier, car, si cet escalier n'eût pas existé, la métaphore ne se serait pas comprise. Donc la première condition à l'identification d'un tombeau avec celui d'Osiris était que ce tombeau eût un escalier. Mais la présence de cet escalier ne suffisait pas à elle seule pour prouver que la tombe était celle d'Osiris, car j'en ai rencontré d'autres qui avaient également un escalier : par exemple le tombeau de *Den*, que j'avais exploré au cours de ma première campagne de fouilles avait un escalier, et aussi un autre dont je ne sais pas quel était l'occupant, car il ne contenait pas le nom de son possesseur. L'escalier qui se trouvait dans le tombeau de *Den* était extérieur à la tombe et à deux paliers; celui de l'autre tombe était double, je veux dire par là qu'il y en avait deux, l'un à l'est, l'autre à l'ouest. Mais, outre que les deux escaliers de cette dernière tombe étaient de petites dimensions puisqu'ils ne comprenaient chacun que six ou huit marches, ce tombeau était loin d'être grand : il indiquait ainsi qu'il était de peu d'importance, car j'avais observé que les tombes vraiment importantes étaient d'une surface considérable et avaient des murs extérieurs d'une forte épaisseur : les tombeaux des quatre pharaons que j'avais trouvés au cours de ma première campagne répondaient à ces conditions, et Osiris qui avait été de même un pharaon, c'est-à-dire le maître de l'Égypte à un moment donné, un roi dont le souvenir avait été religieusement conservé, ne

pouvait selon toute apparence avoir été moins bien partagé que ses successeurs immédiats, tout en tenant compte des progrès de la civilisation et de l'architecture. Il fallait donc ajouter, à la première condition
de l'escalier, la présence d'une habitation considérable pour l'époque,
ayant des murs extérieurs d'une épaisseur plus qu'ordinaire. Cependant il faut dire que la présence de ces deux dernières particularités
n'était pas d'une nécessité absolue. Je dois prévenir le lecteur qu'elles
se sont trouvées toutes deux réalisées.

A ces premières conditions s'en ajoutait une autre : il ne fallait pas
rencontrer dans ce tombeau le squelette entier d'Osiris, mais seulement
la tête. La légende grecque à nous conservée par le faux-Plutarque
raconte en effet qu'Isis, ayant retrouvé à Byblos la caisse dans laquelle
Osiris avait été étouffé par son frère Set, l'avait apportée dans le Delta.
Elle se reposait un soir, lorsque Set chassant au clair de lune l'aperçut,
lui enleva la précieuse caisse et, afin qu'elle ne pût jamais plus reconstituer le cadavre entier, il le prit, le découpa en quatorze morceaux qu'il
jeta dans différents lieux de l'Égypte afin d'en rendre la découverte plus
difficile. Isis, que ce nouveau malheur n'abattit point, se mit à la recherche du cadavre coupé en morceaux de son mari : elle en retrouva
sans peine tous les fragments et sur chaque fragment qu'elle rencontrait
elle bâtissait un tombeau [1]. Elle retrouva la tête à Abydos et construisit
pour elle le sépulcre célèbre de cette ville. Et non seulement la légende
grecque raconte ces faits, mais les textes d'origine purement égyptienne
racontent également ces particularités ou y font des allusions dans lesquelles on reconnaît facilement certaines parties de la légende que nous
a transmise l'auteur grec. Les murailles de certains temples ptolé-
maïques sont couvertes de scènes et de récits se rapportant au mythe
d'Osiris : il me suffira de citer ici le temple de Dendérah, celui d'Edfou
et celui de Philée. M. Victor Loret a traduit dans le *Recueil de monuments relatifs à l'archéologie et à la philologie égyptiennes et assyriennes* [2]

______

(1) *De Iside et Osiride*, éd. Parthey, p. 30.
(2) *Recueil de monuments relatifs à l'archéologie et à la philologie égyptiennes et assyriennes*, tomes III, IV et V.

une partie des textes ayant trait aux fêtes célébrées en Égypte en souvenir de la passion d'Osiris ; dans ces textes empruntés au temple de Dendérah, mais qui se retrouvent ailleurs, le chef d'Osiris est dit avoir été
enterré à Abydos[1] et l'on note soigneusement les différents rites spé-
ciaux à cette ville à l'occasion de la relique célèbre que renfermait sa
nécropole.

S'il faut en croire la manière dont on explique habituellement certains
des bas-reliefs qui ornent le temple de Séti Ier à Abydos[2], le chef d'Osiris aurait été placé dans une sorte de reposoir ou de châsse, ayant la
forme d'un arbre ébranché, revêtu dans sa partie supérieure d'étoffes
ayant quelque ressemblance avec celles dont on voile actuellement le
tabernacle dans les églises catholiques. D'autre part, j'ai rencontré pendant la première année de fouilles en explorant la tombe du grand
prêtre d'Anhour, Mesmîn, lequel vivait à l'époque de Ramsès II, la
représentation de la châsse d'Osiris, celle même où l'on conservait la
tête[3]. Il n'y a pas grande différence entre les deux représentations. Par
conséquent, si je découvrais le tombeau d'Osiris, je pouvais m'attendre
à rencontrer à la fois le chef d'Osiris et la châsse dans laquelle ce chef
était conservé. Le lecteur verra plus loin si j'ai réellement rencontré
l'un ou l'autre de ces deux objets. Dès à présent je dois faire une réflexion qui montrera si je pouvais m'attendre à retrouver la tête et la
châsse d'Osiris : le tombeau, tel que je l'ai mis au jour avant de le
recombler, avait été non seulement indignement spolié, saccagé, pillé,
mais encore incendié de la manière la plus brutale. On avait allumé des
incendies partiels à peu près dans chaque chambre de la tombe et un
plus grand dans la cour centrale sur trois côtés de laquelle on avait
construit des chambres pour contenir les approvisionnements. Ce serait
donc trop demander en présence de circonstances aussi défavorables

---

(1) *Recueil de monuments relatifs à l'archéologie et à la philologie égyptiennes et assyriennes*, tome III.

(2) Cette explication est purement orale et je l'ai entendue à l'École des Hautes-Études.

(3) Les textes qui accompagnent ces représentations sont publiés dans le compte
rendu *in extenso* que je fais paraître sur la première année de mes travaux.

que d'exiger la trouvaille du chef et de la châsse d'Osiris, car on doit
regarder comme fort probable que la châsse en bois aura été une victime, pendant qu'elle aura fourni en partie l'aliment de l'incendie et il
ne serait pas étonnant non plus que le chef sacré eût disparu. Je le
répète encore, le lecteur trouvera plus loin les renseignements à ce sujet.

Une autre condition est encore nécessaire à remplir pour pouvoir
identifier avec quelque vraisemblance un tombeau avec celui d'Osiris :
il faut rencontrer autour de la tombe du dieu d'autres tombeaux encore
assez nombreux. L'auteur du traité *De Iside et Osiride* affirme en effet
que tous les grands seigneurs de l'Égypte tenaient à grand honneur de
se faire enterrer près du tombeau d'Osiris et que leurs héritiers y faisaient transporter leurs restes après la mort[1]. Ce renseignement dans
sa généralité ne peut pas être tenu pour sérieux, car alors la nécropole
d'Abydos aurait dû avoir d'autres dimensions qu'elle n'a et l'on n'aurait
pas retrouvé d'autres tombeaux de personnages importants dans les
autres nécropoles de l'Égypte ; d'ailleurs Mariette a déjà fait observer
dans l'un de ses ouvrages sur Abydos que l'on ne rencontrait dans la
nécropole abydénienne que des tombeaux de gens originaires d'Abydos
ou y ayant vécu[2]. Il faut donc nécessairement prendre le témoignage
de l'auteur égypto-grec dans un sens beaucoup plus restreint. Or, il
existe en Égypte une coutume presque générale surtout pour les plus
hautes époques de l'histoire égyptienne, consistant à enterrer près du
tombeau d'un pharaon quelconque les hauts personnages de sa cour et
tous ceux de sa famille qui ne s'élevaient pas au trône : je n'ai pas besoin
de citer ici des exemples qui sont connus de tout le monde. Or, Osiris
ayant été, d'après les légendes grecque et égyptienne et d'après les
listes de dynasties anté-historiques, un roi qui régna jadis sur l'Égypte
avant de devenir le juge suprême des morts dans le royaume d'outre
tombe, il n'est pas étonnant qu'on ait fait pour lui ce qui se faisait sans
doute avant lui et qu'on ait réuni près de la tombe principale des qua-

<hr>

(1) *De Iside et Osiride*, éd. Parthey, p. 34.
(2) Mariette, *Catalogue général des monuments recueillis pendant les fouilles d'Abydos.*
p. VI.

torze tombes qui contenaient chacune une partie de ses ossements, certains grands personnages qui lui aient tenu de près pendant la vie, soit ses parents, soit ceux qui avaient embrassé son parti avant d'embrasser celui de son fils, Horus. Le fait que non loin de son tombeau j'ai trouvé également le tombeau dans lequel on avait réuni Set et Horus, les deux grands adversaires d'une guerre civile qui, dit on, se perpétua pendant quarante années, prouverait à lui seul qu'on a pu agir de la sorte. Mais je crois qu'il y a eu autre chose, que l'horreur soulevée dans l'Égypte de ce temps-là par la vengeance criminelle de Set et la sympathie qui fut le privilège de celui qu'on appelait communément le *Dieu Bon* purent inciter certains grands personnages de cette lointaine époque à se faire enterrer près du tombeau d'Osiris, ce qui sera par la suite devenu un souhait légendaire en Égypte où l'on souhaitait une bonne sépulture près de l'escalier du Dieu Grand comme un suprême honneur qu'il était difficile même d'ambitionner, absolument comme les auteurs égyptiens disaient qu'on n'avait jamais rien vu de pareil depuis le temps du dieu Râ. De là vient sans doute la confusion faite par l'auteur gréco-égyptien qui a pris pour la réalité ce qui n'était qu'une optation poétique dans le langage courant. Quoi qu'il en soit, cette dernière condition a été réalisée, puisque sous la grande butte de décombres qui recouvrait le tombeau d'Osiris, il y avait environ 160 tombes et que, si l'on compte les autres tombeaux épars sur les plateaux oriental et occidental, plus les autres tombeaux situés au nord et au sud il y en avait de 350 à 400, Et je prie le lecteur d'observer ici qu'il ne s'agit pas de la nécropole entière d'Abydos, car il y avait dans cette ville des morts beaucoup plus de tombeaux, ce que tout le monde comprendra facilement, mais simplement de la nécropole parfaitement localisée d'Om el-Ga'ab. Si l'on restreint donc aux générations contemporaines et immédiatement postérieures à Osiris le renseignement que nous a fourni l'auteur gréco-égyptien il est parfaitement exact. Dire dès à présent quels ont été les personnages ayant joui de cet excès d'honneur, c'est ce dont je ne me charge pas, car si l'on a les noms de quelques-uns de ces personnages, le plus grand nombre des tombeaux avoisinant la tombe d'Osiris est anonyme.

Pour me résumer, pour pouvoir être certain d'avoir trouvé le tombeau d'Osiris, il fallait avoir trouvé un tombeau entouré d'un certain nombre d'autres tombes contemporaines, un tombeau considérable, ayant des murs d'une assez grande épaisseur, possédant un escalier et renfermant un chef conservé dans une châsse. Il fallait en plus que ce tombeau eût été saccagé, pillé par des chrétiens, moines ou autres. Si ces conditions se sont trouvées réalisées, il est bien certain que j'ai rencontré le tombeau d'Osiris, tombeau fictif ou tombeau réel, je n'examine pas ici cette question que je retrouverai plus loin, car pas un seul autre dest ombeaux de l'Égypte n'exige ces conditions spécifiques. Eh bien, je le dis maintenant pour toutes ces conditions, comme je l'ai dit pour chacune d'elles en particulier, elles ont été remplies, chacune d'elles et toutes à la fois. Conclusion : c'est bien la tombe d'Osiris que j'ai trouvée et non une autre, c'est le lieu saint de l'Égypte que j'ai été assez heureux pour remettre au jour à une époque où personne ne croyait la chose possible et où presque tout le monde regardait la légende d'Osiris comme un tissu d'impossibilités et d'improbabilités, même dans les parties vraisemblables. Il me reste maintenant à faire passer sous les yeux du lecteur les preuves de ce que j'ai avancé.

CHAPITRE II

LES PRÉLIMINAIRES DE LA DÉCOUVERTE

La nécropole d'Om el-Ga'ab est une toute petite partie de la grande
nécropole abydénienne. Elle est située à l'ouest du village actuel d'El-
Kherbeh, presque en droite ligne à partir du lac sacré du temple d'Osiris qui existe toujours au sud du grand temple détruit que l'on désigne
actuellement sous le nom de *Kom es-Sultan* c'est-à-dire de *Colline du
Sultan* : ce sultan, c'est le maître d'Abydos, à savoir Osiris. La distance
entre les dernières maisons à l'ouest du village d'El-Kherbeh et le centre de la nécropole d'Om el-Ga'ab est d'environ trois kilomètres. La nécropole elle-même se trouve dans la partie sud de la vaste échancrure
que présente la chaîne libyque en cet endroit et qui aboutit du côté sud
à la gorge qui ouvre le chemin menant à l'oasis d'El-Khargeh. Le côté
sud de la nécropole est distant d'environ un kilomètre de la montagne
méridionale, laquelle n'a point de contrefort et monte insensiblement
de la plaine jusqu'au moment où elle s'élève dans la forme si curieuse
qu'elle affecte à Abydos; du côté ouest, à partir du tombeau de Set et
de Horus qui est situé à son extrémité, elle n'est distante du contrefort
naturel ou artificiel qui se trouve en avant de la montagne que de
480 mètres. Du côté nord, je ne puis donner qu'une mesure tout approximative, la montagne, s'étant retournée à angle droit d'ouest en
est, est située à une distance d'environ quatre kilomètres, et peut-être
plus. Cette nécropole est parfaitement localisée depuis le commencement jusqu'à la fin : on n'y a enterré que dans une certaine époque et
je n'ai pas trouvé un seul tombeau qui indiquât une époque tant soit peu

différente. Il n'y a aux alentours à une distance de 200 mètres environ du côté est, et de plus de 300 mètres du côté nord-ouest, aucune autre tombe qui soit venue faire infiltration dans cette nécropole : je puis l'affirmer avec certitude, car j'ai fait exécuter les sondages les plus minutieux et je n'ai absolument rien trouvé. Dans la direction du nord vrai, se trouvait le petit monument que Mariette a appelé *petit temple de l'Ouest*, où l'on voit encore la partie inférieure d'une statue de Nectanébo et qui devait être une construction votive en l'honneur d'Osiris, élevée par ce pharaon. Du côté est, le dernier tombeau est celui d'Aouapta, fils de Scheschonq Ier, le Sésac de la Bible, tombeau qui ne fut jamais achevé et partant jamais occupé [1].

Sa position étant ainsi déterminée, quelle était l'apparence de cette nécropole d'un kilomètre environ de longueur sur 200 mètres ou plus de largeur? Cette apparence était faite pour attirer de suite mon attention. A une distance de plus de 200 mètres du tombeau d'Aouapta, un peu au nord-ouest, on voyait une petite butte remarquable par sa couleur rouge, laquelle n'était guère qu'un renflement du sol de la plaine : cette première butte était suivie d'un plateau large de plus de 200 mètres sur la partie sud-ouest duquel étaient deux autres petites buttes plus élevées que la première dont il vient d'être question; à quelque vingt mètres de la troisième était une grande colline longue de plus de 160 mètres du nord au sud et large d'environ 140 mètres, les travaux une fois terminés; avant le commencement des travaux, elle avait environ 20 mètres de moins. La hauteur de cette butte était beaucoup plus élevée que celle des précédentes et je ne crois pas me tromper en lui attribuant une hauteur moyenne de 8 mètres à partir de l'extrémité supérieure des murs revêtant les chambres creusées dans le grès qui compose le sol de cette nécropole. Elle était couverte de tessons de poteries rouges qui miroitaient au soleil et de loin attiraient l'attention.

(1) Le lecteur trouvera la description de ce tombeau et des travaux dont il fut l'objet dans le compte rendu *in extenso* de ma première campagne de fouilles dans la nécropole d'Abydos, compte rendu qui paraîtra prochainement sous le titre : *Les nouvelles fouilles d'Abydos* (1895-1896).

J'ai évalué à une vingtaine de millions le nombre de ces tessons, et je
ne crois pas être exagéré. Ces poteries étaient de toutes les époques :
il y en avait de grandes et de petites, de soignées et de grossières; mais
l'immense majorité était composée de tout petits vases en terre grossière, à peine cuits, quelques-uns même en terre crue, que l'on retrouve
en Égypte partout où il y a eu une nécropole atteignant le plus ancien
Empire égyptien. Ainsi, ces vases se retrouvent exactement les mêmes,
car la fabrication, la cuisson et la matière première sont identiques,
dans la nécropole de Daschour, à l'endroit où les fouilles de M. de Morgan ont mis au jour des tombeaux remontant au règne du roi Snéfrou
de la IIIe dynastie [1] : je les ai vus moi-même et j'en parle *de visu*. Ce sont
précisément ces vases dont le modèle remonte au moins à la IIIe dynastie [2] et dont la fabrication a été sans doute léguée aux Égyptiens d'autres
époques par leurs ancêtres que les indigènes actuels d'Abydos appellent
Ga'ab, si bien que le nom dont ils désignent cette nécropole signifie *La
mère aux petits pots*. Ces vases sont inutilisables pour la plus grande
partie dans les usages de la vie commune : ils sont trop petits pour contenir quelque chose que l'on puisse employer à un usage quelconque,
mais ils sont au contraire très aptes à l'usage d'un culte rendu à quelqu'un, car le petit donateur doit penser à donner le moins possible à celui auquel il rend hommage, gardant le plus qu'il peut pour son usage et
ses besoins personnels, conciliant ainsi l'obligation dans laquelle se
croyait sa piété avec son intérêt particulier.

Ces petits pots se trouvaient mélangés aux sables que les tourmentes
atmosphériques avaient balayés sur leur passage et qui, ayant trouvé un
obstacle à leur course, s'étaient amoncelés en cet endroit, sans parler

---

(1) Les résultats des fouilles de l'année 1894-1895 dans laquelle M. de Morgan a fait
ses belles découvertes n'ont pas été publiés à l'heure qu'il est, quoique le manuscrit soit
tout prêt pour l'impression, de misérables questions d'argent dominant tout et privant la
science de choses très intéressantes.

(2) Je ne donne cette date que comme date extrême au-dessous de laquelle on ne peut
faire descendre l'existence de ce modèle, et non pas comme date de l'antiquité la plus
reculée à laquelle on doive le faire remonter, car il est bien évident que si ce modèle
existait alors, il a pu exister auparavant.

dés décombres de toutes sortes que les spoliateurs avaient accumulés;
mais ils n'étaient pas les seuls. Il y avait aussi de très grandes poteries,
les plus grandes même que l'on connaisse actuellement, de toutes
formes, de toute terre, les unes intactes, les autres brisées, avec ou sans
inscription hiéroglyphique, hiératique ou démotique. Certains de ces
vases, notamment de grands *zirs* qui dataient probablement de la
XXIIe dynastie, avaient plus d'un mètre de haut avec une très large
panse. Je ne crois pas que l'appellation d'*Om el-Ga'ab* puisse les viser;
car, ils étaient assez profondément dans le sable, quelques-uns même
tout au bas de la couche de décombres et l'on n'en soupçonnait pas
l'existence, tandis que les petits vases dont j'ai parlé tout à l'heure attiraient la vue et se trouvaient à la surface. Il y a encore une autre raison,
c'est que, malgré la spoliation et la destruction du culte qui avait fait
porter en ce lieu les vases de cette forme et de cette petitesse, le sentiment populaire avait modifié son cours pour détourner l'obstacle qu'on
mettait à son expansion : au lieu d'aller porter en cette antique nécropole les vases qui témoignaient de leur piété, les habitants d'Abydos,
devenus chrétiens, chaque année, le jour du vendredi saint, allaient y
chercher ces mêmes vases qu'ils donnaient comme jouets à leurs enfants,
ayant transporté à l'anniversaire de la passion du Christ le culte qu'ils
rendaient autrefois à Osiris en l'anniversaire de sa passion, le traduisant
par un acte semblable et démontrant toujours la vitalité des idées re-
çues de leurs pères. Aujourd'hui la coutume existe encore; mais,
comme les travaux que je faisais exécuter rendaient fort improbable la
continuation de ce culte implicite, mes ouvriers choisissaient les plus
beaux spécimens de ces petits vases et les emportaient chaque soir pour
les donner à leurs enfants, ainsi qu'ils me le disaient. Jamais ils n'ont emporté de vases plus grands, quoiqu'ils eussent pu le faire sans inconvé-
nient, puisque je leur en avais laissé la facilité en leur accordant la per-
mission de les emporter. Ainsi, c'est bien cette poterie petite et
grossière qui a fait désigner cette partie de la nécropole sous le
nom d'Om el-Ga'ab el Gharby (de l'ouest), pour la différencier de
celle qui porte le nom d'Om el-Ga'ab el Schargy (de l'est), où il n'y a

que des vases semblables qui soient apparents, à l'ouest du temple de
Séti Ier.

Cette quatrième ou grande butte était suivie d'un second plateau long
d'environ 60 et large environ de 100 mètres. A l'extrémité de ce plateau, distante de 80 mètres, était une grande dépression ellipsoïdale
longue de 80 mètres et large de 30 mètres du faîte d'un grand côté au
faîte du côté opposé : c'est dans cette dépression que j'ai rencontré le
tombeau de Set et de Horus. Plus à l'ouest, il n'y avait aucune tombe et
aucun vestige que ce soit qu'il pût y en avoir. Du côté sud, il n'en était
pas ainsi : le flanc méridional de la grande colline descendait d'une pente
insensible vers un troisième plateau entièrement recouvert en certaines
parties d'une couche légère de ces petits pots appelés *ga'ab*; cette couche atteignait même le pied d'une cinquième colline d'apparence plus
haute que la quatrième, mais moins considérable en longueur et en largeur : elle était située à 400 mètres environ de la dernière tombe creusée
au sud du second plateau. Ni cette colline, ni le plateau entre elle et la
quatrième colline ne contenaient la moindre tombe, malgré les couches
de *ga'ab* qui existaient à la surface : j'ai fait exécuter des sondages très
rapprochés, de manière à ne rien laisser passer, et les sondages ne
m'ont absolument rien révélé, de sorte que la nécropole que j'ai explorée ne s'étend ni au sud, ni à l'ouest, plus loin que le tombeau de Set
et de Horus et que la dernière tombe méridionale du second plateau ou
de la grande colline.

La tombe d'Osiris était située sous la grande colline, à peu près au
milieu. Au bord de ce centre, un peu en tirant du côté sud, il y avait
comme un cratère de sable qui témoignait qu'à une époque indéterminée
et indéterminable on avait pratiqué un sondage assez grand afin de pouvoir parvenir jusqu'à la tombe située en dessous; mais pour une cause
ignorée on l'avait abandonné sans l'avoir poussé jusqu'à l'endroit voulu
pour trouver le tombeau. J'avais cru d'abord que le site était resté tel
depuis la spoliation des Coptes au xve siècle et que le sable non mé-
langé à des débris de poterie indiquait le centre même du tombeau ou
tout au moins le tombeau central; mais de fait ce cratère était situé au-

dessus de la partie sud du tombeau, presque en dehors du mur méridional. De cette observation on peut tirer la conclusion que ce ne sont pas les Coptes qui ont laissé ce cratère au milieu de la colline, car si ce cratère eût été leur œuvre, on ne comprendrait pas comment il s'est fait que tout autour de ce cratère il y eût des vases en quantité considérable, que la colline fût d'une hauteur presque uniforme et que tout indiquât un travail assez récent, car la couche de sable était loin d'avoir la densité des autres parties de la colline. Je suis donc persuadé qu'entre la spoliation exercée par les Coptes, il y a eu plus près de nous, et vraisemblablement dans ce siècle, des tentatives de fouilles qui ne réussirent pas parce qu'elles s'arrêtèrent trop tôt. Je ne peux préciser davantage, car j'entrerais alors dans le domaine de la conjecture ; mais le fait que je viens de signaler est réel, car en dessous de ce sondage recomblé par les sables il y avait le mélange ordinaire de pots et de sable, et, sur différents points, en haut de la colline, il était visible que l'on avait sondé à une époque non assez éloignée pour permettre au sable de combler le trou de manière à ce qu'il fût impossible d'observer le trou circulaire fait par les sondeurs. J'étais bien loin de penser, lorsqu'au mois de janvier 1896 je commençai d'explorer la nécropole d'Om el-Ga'ab, que j'allais y trouver les monuments les plus anciens de l'Égypte et du monde entier connus jusqu'à présent. L'examen de la première colline en ne me fournissant que des objets votifs me montra cependant qu'en ces lieux un culte s'était perpétué depuis la XIIe dynastie jusqu'à la XIXe et peut-être jusqu'à la XXVe. C'est là que je trouvai en effet la table d'offrandes en granit rose au nom d'Ousortesen Ier, deuxième roi de la XIIe dynastie laquelle apportait la solution d'un problème historique, à savoir le passage pacifique de la XIe à la XIIe dynastie, sans doute par suite d'une alliance entre une fille du dernier des Montouhôtep dont on ne connaissait jusqu'alors que le prénom *Sônekhkarâ*, avec le fondateur de la XIIe dynastie, le premier des Amenemhât[1]. Les autres objets, stèles effacées et

---

[1] Cette table d'offrandes ainsi que tous les monuments ou objets dont il sera question dans la suite de ce chapitre comme ayant été découverts la première année seront publiés dans le compte rendu auquel j'ai déjà fait deux fois allusion.

petits *ex voto* s'étageaient jusqu'à la XIXᵉ dynastie et peut-être plus loin ;
ils étaient tels qu'on ne pouvait songer un seul instant à les prendre pour
des objets ayant réellement servi à des usages déterminés. Je ne trouvai sur le plateau qui séparait cette première butte des suivantes aucun objet qui attirât particulièrement mon attention en la première année,
quoique depuis j'aie été frappé de l'existence de certains objets et monuments dans les tombes creusées dans ce plateau. Ainsi dans l'une des
tombes situées à l'extrémité occidentale de ce plateau, je trouvai un petit
objet en ivoire portant un épervier au-dessus d'un rectangle : les pattes
de l'épervier pénétraient dans le rectangle et tenaient deux objets représentés d'une manière très succincte par une seule ligne. Je trouvai
aussi cette représentation imprimée sur un bouchon en terre que je rencontrai dans ces tombeaux et cette année même, je veux dire pendant
l'hiver 1897-1898, j'ai mis la main sur de nouveaux exemplaires de ce
même bouchon. Au cours des fouilles que M. de Morgan fit à Neggadeh
au courant de l'hiver 1896-1897, il rencontra un tombeau dans lequel
tous les objets estampillés l'étaient de ce même nom de *double*, car
c'était bien ce qu'on appelait jadis une bannière royale et ce qu'on
nomme actuellement maison du *double* avec le nom de ce *double* lui-
même. N'ayant aucune donnée sur ce nom que je rencontrais pour la
première fois et que personne ne connaissait, je ne lui accordai pas
l'attention qu'il méritait ; je la lui ai accordée depuis, avant même les
identifications qu'on a proposées depuis, car MM. Borchardt [1] et Maspero [2] y ont reconnu le nom de Ménès, nom que le premier a cru pouvoir
identifier avec le premier pharaon de la première dynastie manétho-
nienne, tandis que le second croyait simplement que c'était un Ménès
quelconque, lecture et identification que je ne puis encore adopter pour
ma part, quoique je m'en serve contre les adversaires de mon hypothèse devenue presque une théorie prouvée.

<hr>

(1) Ludwig Borchardt dans le *Sitzungen* de *l'Académie des sciences de Berlin*, décembre
1897 ou janvier 1898.

(2) *Revue critique* d'histoire et de littérature, 13 décembre 1897, p. 440. C'est dans cet
article que M. Maspero a rendu compte de ma seconde brochure sur les fouilles 1896-
1897.

Après que j'eus dépassé le premier plateau, fouillé la seconde et la troisième colline, il me fallut attaquer la quatrième, c'est-à-dire la plus grande ; je fus obligé, afin de la fouiller méthodiquement, de l'attaquer de trois côtés à la fois, au nord, à l'ouest et à l'est, afin de pouvoir rejeter les décombres sur ces trois côtés ensemble et de laisser libre l'espace central où je m'attendais à trouver un monument important. Ce n'est pas ici le lieu d'entrer dans le détail des opérations à ce sujet : il me suffira de dire quels monuments je trouvai pouvant se rapporter à la légende et au culte d'Osiris. En fouillant le plateau situé derrière la grande colline, c'est-à-dire à l'ouest[1], je ne remarquai rien qui sortît du cadre ordinaire des objets que l'on mettait d'habitude daus les tombeaux, à l'exception d'un seul qui, par son étrangeté, attira du premier coup mon attention. C'était une sorte de galet assez informe dont on s'était servi pour y graver la représentation de la déesse Isis coiffée de son hiéroglyphe, ce qui ne laissait aucun doute sur l'identité du personnage ; ce galet fut trouvé dans la tombe du roi Serpent, la plus rapprochée à l'ouest de cette colline. La représentation de la déesse était quelque peu informe, à cause de la dureté de la matière sur laquelle on avait dû graver, mais, malgré cette difficulté de l'exécution, on ne pouvait s'empêcher de reconnaître le même type de personnage féminin que celui dont on s'est servi pour cette même déesse dans les textes sculptés du temple de Séti Ier, c'est-à-dire le type nubien ou un type analogue. On peut en effet observer sur les murs de ce temple les Isis qui sont représentées sur les bas-reliefs et celles qui servent de caractères dans les textes : pendant que les premières ont le beau type égyptien, sont grandes, élancées, de jolis traits, les secondes appartiennent à un autre type, sont petites en comparaison, vieilles, ramassées sur elles-mêmes, et présentent tous les traits du type barbarin. Je n'accordai d'autre valeur tout d'abord à ce galet que sa valeur intrinsèque et ce n'est que plus tard que sa présence m'étonna dans cette tombe, car il

____

(1) Je dois dire au lecteur que ces termes : nord, sud-est et ouest, ne répondent qu'imparfaitement à la position géographique : je les emploie comme on les employait autour de moi et ils répondent assez bien, malgré tout, à ce qu'ils signifient.

ne faut pas l'oublier, dans ces fouilles si nouvelles il me fallut me faire
à moi-même mon éducation. Lorsque j'attaquai définitivement la grande
butte, je ne tardai pas à découvrir en fort grand nombre des monuments,
la plupart écrits, qui témoignaient de la piété des rois d'Egypte envers
un Dieu ou un ancêtre que j'ignorais. Le premier roi dont je trouvai le
nom appartient à la XIIe dynastie et j'y rencontrai des témoignages de
la durée de ce culte jusqu'à la XXVIe dynastie, car les monuments
d'Amasis y étaient en triple ou quadruple exemplaire. Ce n'étaient pas
seulement les Pharaons qui avaient laissé des témoignages de leur piété
en ces lieux, mais aussi de simples particuliers, revêtus ou non de
charges importantes : c'est ainsi que je trouvai une statuette en granit
au nom du grand prêtre Iouiou, lequel avait un nom déjà connu, car
Mariette avait trouvé un tombeau à ce nom dans la nécropole d'Abydos[1].
De même je rencontrai un grand et admirable épervier sculpté en calcaire, ayant toute la poitrine dorée, brisé malheureusement, car je le
trouvai en trois fois, à une assez grande distance de jours et de lieux :
quoique le bec et une partie de la gorge soient absents, l'oiseau sur son
piédestal a très grande allure, et il faut bien croire qu'en Égypte on le
regardait de même, puisque ce beau morceau de sculpture qui date de
la XVIIIe dynastie — on y trouve les cartouches d'Aménophis II — avait
été usurpé par le successeur de Ramsès II, Ménéptah Ier. Ce monument
avait été dédié en l'honneur de son père Iouiou par l'un de ses fils. Je
trouvai de même des *ex voto* d'un autre genre, renfermés dans des pots
de terre cuite, contenant des objets inconnus jusqu'alors dans l'archéologie égyptienne et qui me donnèrent à penser dès lors qu'ils avaient
été déposés en ce lieu en reconnaissance de quelque grâce insigne obtenue par celui qui les avait fait exécuter; dans l'un de ces pots notamment, je trouvai deux masques de la figure en plâtre, deux moulages
également en plâtre des côtes, deux cornes remplies de sable, deux
boules de terre représentant peut-être les intestins et la matière céré-
brale, enfin la représentation du Dieu Horus hiératocéphale en une

(1) Mariette : *Catalogue des monuments découverts pendant les fouilles d'Abydos,*
p. 386.

simple lamelle de cuivre destinée à être fichée dans un piédestal, puisqu'il y a encore le pied. Ces divers objets étaient entourés de cendres
parmi lesquelles on remarquait des paillettes d'or, ce que j'ai retrouvé
dans d'autres pots du même genre. On peut discuter sur la signification
des objets contenus dans ce pot, y voir ce que l'on voudra, la présence
du Dieu Horus montre bien que l'offrande fut faite à quelque Dieu appartenant au cycle d'Osiris. J'avais rencontré en outre certains ostraca
dont trois ou quatre se rapportaient à toute une série de vases que j'ai
rencontrés l'hiver dernier et qui contenaient des textes religieux où
Osiris avait son rôle. Aussi, à la vue de tant de témoignages se rapportant d'une manière si indubitable à la légende d'Osiris, il m'était
venu à l'idée que peut-être là se trouvait le tombeau célèbre dans
l'Égypte entière, dans lequel on conservait le chef du Dieu grand,
comme disaient les Égyptiens. Les personnes qui m'ont vu à mon retour
d'Égypte en 1896 se rappelleront peut-être que je leur ai dit à cette époque la persuasion hypothétique et personnelle où j'étais que si j'avais
continué les travaux de cette année-là, j'aurais rencontré le tombeau
d'Osiris. Mais, pressé par le temps, je dus retourner en Europe : je
m'étais arrêté du côté ouest de la grande colline, seulement à trois ou
quatre mètres du tombeau central qui s'est trouvé depuis être celui
d'Osiris. Comme je n'avais aucune preuve péremptoire, je me gardai
bien de publier quoi que ce soit qui pût faire croire que j'avais eu cette
idée, car à l'exception de ce que j'écrivis dans ma première brochure :
« Je crus un moment avoir rencontré la sépulture d'Osiris, mais je fus
bientôt détrompé [1] », phrase où je condamnais l'idée, je n'ai pas écrit
un seul mot qui pût donner à entendre que je conservais ou même que
j'avais entretenu cette persuasion.

Pendant la seconde campagne de fouilles qui eut lieu dans l'hiver
1896-1897, tout mon temps fut occupé par le déblaiement et l'exploration
de la dépression ellipsoïdale qui terminait à l'ouest la nécropole d'Om-

---

(1) E. Amélineau, *Les nouvelles fouilles d'Abydos*, p. 21. Cette brochure n'a pas été
mise dans le commerce.

el-Ga'ab. Bien des fois, en explorant le magnifique tombeau que cachait le sable accumulé dans cette dépression, j'avais caressé l'espoir que ce serait la tombe d'Osiris; mais les fouilles furent terminées avant de m'avoir mis en mains quoi que ce soit qui eût fortifié cet espoir. Au contraire j'avais rencontré certains objets et certaines inscriptions qui m'interdisaient cet espoir, car les inscriptions parlaient de *deux dieux* alors que mon espérance ne pouvait se porter que sur un seul, et parmi les objets se trouvèrent deux squelettes incomplets, alors que le tombeau d'Osiris ne pouvait, selon la tradition, contenir que la tête. Quoique j'eusse en mains des documents probants, je n'eus pas même un seul instant, je l'avoue, l'idée de l'identification vraie de la tombe : effrayé par les tempêtes qu'avaient soulevées mes premières affirmations, obsédé par l'idée et le désir de rechercher des pharaons nouveaux, historiques ou antéhistoriques, afin de pouvoir parvenir à prouver l'hypothèse que j'avais émise, je ne songeai pas un seul moment à rechercher dans les dynasties divines l'attribution du monument que j'avais mis au jour : au fond, je ne croyais guère qu'on pût trouver ces dynasties, et il a fallu la découverte du tombeau d'Osiris afin de m'ouvrir les yeux. Fort heureusement pour moi, personne n'eut l'idée de l'attribution réelle de ce tombeau et j'ai pu cette année l'identifier avec la tombe où Set et Horus, après avoir combattu pendant leur vie, furent réunis dans la mort, ainsi que le disent les nombreux bouchons trouvés dans ce tombeau an cours des travaux. Cette identification n'a pas manqué de soulever une tempête, mais, outre que la tempête n'était pas aussi violente que la première, je pouvais me défendre et je me suis défendu, car j'étais sur un bien meilleur terrain que mon adversaire et le lecteur trouvera au cours de cet opuscule les principales raisons que j'ai fait valoir, le sort du tombeau d'Osiris étant intimement lié au sort de celui de Set et de Horus.

Lorsque l'hiver dernier je commençai dans la nécropole d'Om el-Ga'ab ma troisième campagne de fouilles, je fis d'abord ouvrir dix-huit tombes qui se trouvaient sur le côté sud du premier plateau, tombes négligées la première année et que je devais à l'importance de la nécropole d'interroger afin de ne rien laisser d'inexploré : j'y rencontrai plusieurs bouchons portant le nom de *double* de celui qu'on a cru être Ménès. Ces bouchons étaient dans des tombeaux qui n'étaient certes pas les tombes d'un pharaon : comment et pourquoi se trouvaient-ils là? La réponse à cette double question ne peut être donnée par ceux qui n'admettent pas les dynasties des Mânes ou la réalité des dynasties divines; au contraire elle est fournie admirablement par l'hypothèse que j'ai émise dès la première de mes brochures : ce nom, qu'il s'agisse de Ménès ou d'un autre, se trouvait sur les bouchons d'Om el-Ga'ab, non parce que Ménès était enterré là, mais parce que ce roi avait rendu à ses ancêtres le culte qu'il leur devait, que ces ancêtres soient ceux qu'on a appelé les Mânes ou que ce soit Osiris.

Ce fut le 26 novembre 1897 que j'attaquai la grande butte par le côté est, ayant grand désir de finir dans cette campagne l'exploration entière de la nécropole d'Om el-Ga'ab. Selon les calculs les plus probables, il me restait à enlever et à transporter de 60.000 à 70.000 mètres cubes de sable. L'immensité du travail ne m'effraya pas : j'avais les ressources nécessaires et je savais qu'en ôtant du sable assez longtemps j'arriverais à avoir entièrement enlevé celui qui recouvrait les tombeaux situés sous la grande colline. Dès les premiers jours, je rencontrai une quantité encore assez grande de fragments d'objets qui n'avaient pu réellement servir à aucun usage que ce soit, à cause de leur petitesse : c'étaient donc des objets votifs. Ces fragments je les ai fait ramasser avec le plus grand soin, fidèle à la règle que je m'étais tracée, estimant que puisque par malheur il n'était pas possible de rencontrer des objets intacts ou même complets, il était de mon devoir de ne négliger aucun des plus minces fragments, pas même ceux qui me semblèrent le plus inutiles. C'est en agissant ainsi que j'ai pu recueillir à la surface de la colline comme au fond des tombes un certain nombre d'objets qui jettent beaucoup de lumière sur les civilisations différentes de l'Égypte aux diverses époques pendant lesquelles on a continué d'honorer Osiris ou de lui rendre le culte funéraire. Il faut établir en effet une très grande distinction entre les objets trouvés parmi les décombres et ceux trouvés

au fond des tombes ouvertes : les premiers témoignent d'une grande
vitalité et d'une non moins grande facilité de civilisation ; les seçonds
au contraire accusent une civilisation où l'on s'essayait encore à faire
des objets en nombre très limité, d'une forme plus que naïve, mais qui
décèlent cependant un art déjà très habile. Il n'y a pas grande crainte à
entretenir que ces objets aient pu être mélangés entre eux au fond des
tombeaux : les nécessités des fouilles s'y opposent, car il fallait déblayer
les décombres ou, pour mieux parler, les objets funéraires accumulés
au-dessus des tombes par la piété des fidèles avant d'arriver au niveau
des tombes inférieures à la butte, et, si certains objets ont dû être mélangés, c'est dans la couche de décombres au-dessus des tombes et non
pas dans les tombeaux eux-mêmes. Jamais je n'ai rencontré dans l'intérieur des tombeaux, si grands soient-ils, un seul objet qui accusât une
époque différente de celle de la tombe, tandis qu'au contraire j'ai trouvé
encore assez souvent dans les décombres des objets que tout indiquait
appartenir à une époque des plus reculées. C'est un point dont il faut
absolument prendre note pour apprécier sainement les résultats des
fouilles d'Om el-Ga'ab, résultats historiques ou préhistoriques.

Je n'ai pas ici et ne peux avoir la prétention de dresser un catalogue
complet des objets rencontrés au cours du déblaiement de la colline de
décombres se trouvant au-dessus des tombes cachées sous cette grande
butte : mon travail prendrait ainsi une ampleur que je ne veux pas lui
donner ; il me suffira, et sans doute il suffira aussi au lecteur, de donner
quelques explications sur les diverses catégories d'objets rencontrés
parmi ces décombres. Et encore dois-je passer sous silence la catégorie
des divers objets qui ne portent point en eux-mêmes leur intérêt, soit
parce qu'ils n'ont point d'inscription, soit parce que leur usage n'est pas
connu ou au contraire est trop connu. Parmi les monuments de cette
catégorie, je dois cependant citer un certain nombre d'objets qui se rat-
tachent directement au culte d'Osiris, comme les représentations en
terre non cuite ou en terre cuite de la personne d'Osiris momifié. J'ai
rencontré deux ou trois spécimens brisés des premières et une statue
en terre cuite, brisée en cinq morceaux que l'on pourra recoller et qui

feront par leur juxtaposition la plus grande statue en terre cuite connue
en Égypte. Elle a été peinte en rouge foncé, la couleur que les artistes
égyptiens attribuaient à la chair humaine, à l'exception de la poitrine et
de la face qui ont été recouvertes d'une feuille d'or. Elle n'est que très
peu soignée dans la partie inférieure, mais au contraire la coiffure, la
figure et le collier qui tombe sur la poitrine ont été rendus de la manière la plus délicate. Cette statue ne porte aucune inscription, mais il
est facile de voir qu'elle représente Osiris momifié et c'est sans doute
l'une de celles qui servaient pour les fêtes célébrées en l'honneur d'Osiris. Elle était regardée comme précieuse, car on l'avait renfermée dans
une caisse en bois dans laquelle je l'ai trouvée et dans laquelle les fanatiques moines l'avaient brisée. Outre ces statuettes, je signalerai encore
certains objets employés dans le culte, comme de l'encens dont j'ai
trouvé une très grande quantité, des mèches enduites de cire destinées
à brûler et qui brûlent encore parfaitement, des poteries encore pleines
des offrandes que l'on avait consacrées au dieu ou à l'ancêtre quel qu'il
fût, etc.; mais je me contente seulement de les signaler, car ces sortes
d'objets pouvaient tout aussi bien avoir été offertes à un ancêtre autre
qu'Osiris, puisqu'elles ne lui sont aucunement spéciales.

Je n'ai point retrouvé, l'hiver dernier, d'autres objets pouvant aller de
pair avec ceux dont j'ai parlé plus haut; il faut croire que ces objets
avaient été peu nombreux, qu'ils étaient tous du même côté du tombeau et que je les avais tous rencontrés la première année; je n'ai
guère trouvé que des tables d'offrandes et des stèles. Parmi ces tables
d'offrandes dont je n'ai pas trouvé une seule intacte, je citerai seulement le fragment suivant parce qu'il date probablement de l'Ancien
Empire : elle avait été dédiée à Osiris Khonet Amenti par un prophète,
[hiéroglyphes]. J'ai retrouvé des stèles des Osorkons, d'Amasis,
de Djâho (Theôs), des Psammétiks, etc. D'une époque encore plus
rapprochée de nous, j'ai rencontré un monument qui ne pouvait par sa
facture être antérieure au premier des Ptolémées. J'ai rencontré aussi
quelques monuments votifs, avec des inscriptions; malheureusement

l'inscription cessait au moment où elle devenait le plus intéressante
pour nous, car elle nous aurait sans doute appris pourquoi on avait déposé l'objet dans la nécropole d'Om el-Ga'ab. L'un de ces objets, une
sorte d'autel, contenait trois ou quatre lignes d'inscription sur chaque
face : il ne fallait pas être grand clerc pour s'apercevoir qu'elle avait été
dédiée à Osiris par quelqu'un qui avait saisi l'occasion de recommander
au Dieu tous les membres de sa famille. En résumé, il n'y a pas eu
grand'chose à tirer de ces monuments et de leurs inscriptions pour la
question qui m'occupe présentement, à savoir l'attribution à Osiris du
tombeau central caché sous la quatrième butte.

Il en est tout autrement des inscriptions gravées ou écrites sur les
poteries soit en hiéroglyphes, soit en hiératique ou en démotique. Ces
inscriptions ont été très nombreuses ; malheureusement il y en a très
peu de complètes. Je ne m'occuperai guère ici que des inscriptions hiéroglyphiques et de quelques inscriptions hiératiques, laissant complètement de côté les quelques ostraca démotiques recueillis au cours de mes
fouilles. J'ai une autre raison que mon choix pour agir ainsi : le Musée
de Gizeh a pris la moitié de toutes ces inscriptions, et je dois dire la
plus belle moitié, ne me laissant guère que ce dont il ne voulait pas ; je
n'ai pas pu copier ces inscriptions, parce que je ne sais pas, je l'avoue,
retracer les signes hiératiques assez convenablement pour en tirer
parti : j'ai demandé à ce que le Musée m'en fît donner une copie, on me
l'a promise, mais je ne l'ai pas encore reçue. D'ailleurs les renseignements nécessaires me seront amplement fournis par les inscriptions que
je citerai.

Dès le 2 décembre, je rencontrai sur un tesson de vase l'inscription
suivante qui me semble complète : [hiéroglyphes].
Le premier signe de cette inscription est fruste, mais on voit encore
très bien l'eau s'échappant du vase absent et le bas de la jambe que
surmontait ce vase : il y a un espace vide en avant ces deux parties de
signe, ce qui montre bien que l'inscription est complète dans toute son
étendue et que seulement le premier signe a été mutilé dans sa partie

supérieure. Cette inscription est des plus faciles à traduire, puisqu'elle ne contient que la qualité et le nom du donateur; elle signifie : *Le prêtre d'Osiris juste de voix, Hiq* (?) *Ouonnofer*. L'importance en est très grande pour l'identification qui m'occupe, en ce qu'elle montre que l'Osiris dont Hiq (?) Ouonnofer était prêtre, n'était pas considéré comme le maître d'Abydos ou comme le seigneur des royaumes infernaux, l'incorruptible juge qui décidait du bonheur ou du malheur éternels de l'homme après sa vie terrestre, mais comme un homme défunt, puisqu'on lui appliquait l'épithète dont tout défunt en Égypte devait nécessairement être dit méritant, afin d'échapper à tous les dangers du grand voyage et de repousser tous les démons et les monstres qu'il rencontrerait. Je ne me rappelle pas avoir jamais rencontré cette épithète accolée au nom d'Osiris déifié : c'est la première fois que je la rencontre appliquée à Osiris comme elle était communément appliquée aux défunts, comme notre mot *feu* placé devant un nom propre, ou comme le grec μακάριος dont les Grecs se servirent du reste pour traduire l'égyptien *makherou*, juste de voix. Osiris, devenu le juge souverain des hommes s'étant acquittés de la vie, n'avait aucun besoin de cette épithète qui comportait une existence réelle, car il faut bien exister pour parler, ne fût-ce que pour parler avec des intonations fausses, car il n'avait aucun besoin d'être doué de cette justesse de voix pour mettre en fuite des ennemis cent fois vaincus, n'ayant aucun pouvoir contre lui. Il faut bien se pénétrer en effet du sens de cette épithète pour comprendre sa valeur présentement : elle ne s'applique aux dieux de l'Égypte que par métaphore; ici nul besoin de métaphore, car l'inscription n'en comporte pas dans sa simplicité éloquente : un tel prêtre d'Osiris défunt. Aussi à peine eus-je vu cette inscription que j'en saisis tout de suite l'importance et, le soir de ce même jour, après avoir cité l'inscription, je pus écrire dans le journal que je tiens de mes fouilles avec la plus grande régularité : « S'il en est ainsi, pourquoi ce pot se trouve-t-il en cet endroit? La réponse me semble bien simple : c'est que le tombeau d'Osiris s'y trouvait. Je l'avais toujours pensé d'après les documents que j'avais rencontrés la première année, et cette trouvaille

vient encore confirmer mon sentiment. Nous verrons bien si la suite des
fouilles répond ici à mes prévisions. » Depuis ce jour, je fus aussi certain que je pouvais l'être que je trouverais tôt ou tard le tombeau célèbre
que l'Égypte entière avait vénéré.

Je trouvai en très grand nombre des *ostraca* écrits à l'encre sur lesquels presque toujours étaient mentionnés des prêtres d'Osiris, quelquefois des prêtres d'Amon. Je n'en citerai plus que deux, l'un contenant
l'inscription suivante : [hiéroglyphes] : le premier prophète
d'Amon Ra, roi des dieux, Scheschonq ; l'autre plus développée et disant
en deux lignes : [hiéroglyphes]
[hiéroglyphes] (sic) [hiéroglyphes]
[hiéroglyphes] ; c'est-à-dire : « pour le *double* de celui qui
remplit le cœur du Seigneur des deux terres, qui remplit ses oreilles
de choses vraies, sans qu'il ait gardé ce qu'on amenait pour son seigneur,
le premier prophète d'Osiris (c'est ce qu'a donné) Siîsit, juste de voix, fils
du premier prophète d'Osiris Iouiou, né ... de Horbaaï, juste de voix. »
Ici le donateur et celui pour lequel il apporte son offrande sont tous les
deux prêtres d'Osiris, premiers prophètes. Ces exemples suffiront, j'espère ; le rôle est prépondérant que jouèrent les prêtres d'Osiris dans le
culte funéraire rendu à leur Dieu, et ce rôle se comprend admirablement
du moment qu'on admet l'attribution à Osiris du grand tombeau central,
tandis qu'on ne saurait le comprendre si le tombeau d'Osiris n'était pas
en cet endroit, car alors que seraient venus faire en cet endroit les prêtres d'Osiris ? pourquoi auraient-ils rendu les hommages du culte funéraire à des défunts antiques en tant que prêtres d'Osiris, faisant valoir et
sonner haut leurs titres ? Il est impossible de le comprendre, je le
répète, si le tombeau d'Osiris n'était pas sous la quatrième colline, tandis qu'on comprend très bien qu'un prêtre d'Amon Ra soit venu témoi-
gner de sa piété envers Osiris.

Je ne veux pas laisser cette catégorie de vases avec inscriptions hiéroglyphiques sans parler de la petite inscription trouvée sur un tesson vulgaire : elle se compose de deux signes et elle est complète, car en avant et en arrière, au-dessus et au-dessous de l'inscription il y avait place pour d'autres signes et il n'y en a pas un seul. La voici : . Si l'on veut l'expliquer, comme la grammaire et la philologie le demandent, selon qu'on explique une expression semblable, on aura : « la corne de l'escalier ». En effet on rencontre l'expression dans les textes égyptiens et cette expression de la langue égyptienne est parallèle à d'autres expressions usitées dans les langues classiques : on l'a traduite par *la corne de la terre*, ce qui signifie les limites de la terre habitée ou connue. Si l'on admet ici une traduction et une signification parallèles, on a : les limites de l'escalier. Et de quel escalier peut-il s'agir, sinon de cet escalier du Dieu Grand dont parlent si souvent les textes égyptiens, c'est-à-dire du tombeau d'Osiris ? L'on ne saurait souhaiter un témoignage plus satisfaisant et plus péremptoire.

Outre cette catégorie d'inscriptions hiéroglyphiques, j'ai rencontré onze beaux et grands vases en terre rouge, affectant une forme archaïque, à mon avis, et décorés d'une scène ou d'une inscription hiéroglyphique assez étendue. Comme ils se ressemblent tous et que sur deux d'entre eux j'ai rencontré le cartouche de Ramsès II, je crois que ce nom indique la date de ces vases. Ils sont de forme ronde, de taille grande pour nous, mais ordinaire pour les vases que l'on trouve d'habitude en Égypte, puisqu'ils ont $0^m,30$ environ de hauteur. La panse est large et le col est rabattu sur le bord du vase de $0^m,03$ environ. Ils n'auraient rien de bien remarquable sans deux appendices verticaux placés à l'endroit où l'on met ordinairement les oreilles : mais ces oreilles, si ce sont des oreilles, ne représentent que fort imparfaitement les oreilles des vases anciens en pierre dure, car celles des anciens vases sont horizontalement placées et percées d'un trou dans le sens de la longueur, tandis que celles des vases dont je parle sont verticales et n'ont point de trou. C'est entre ces deux oreilles que sont placées les scènes représentées ou les inscriptions gravées sur ces beaux vases. Scènes et inscriptions avaient été gravées dans la terre non cuite : la cuisson a occasionné certaines bavures, mais malgré ces bavures le tout n'en est pas d'un aspect moins agréable et la forme du vase moins belle. Je ne décrirai qu'un seul type de cette sorte. Les vases avec scènes représentent d'ordinaire Osiris sur un siège devant une table d'offrandes avec un prêtre, le genou en terre et lui présentant certains apports : quelquefois le Dieu est accompagné d'Isis ou de Horus. Celui que je vais décrire a la scène la plus large de tous ceux que j'ai pu recueillir. Le Dieu est à gauche, sous une sorte de maison, ainsi faite  ; il est assis sur son trône et au lieu de la croix ansée, symbole de la vie, qu'il tient d'ordinaire, il a pour insigne la plume d'autruche, symbole de la vérité. Devant lui est la table d'offrandes réglementaire, et devant est le prêtre qui se nomme Ouonnofer. Entre le prêtre et le Dieu sont deux lignes verticales d'inscription que je transcris horizontalement : 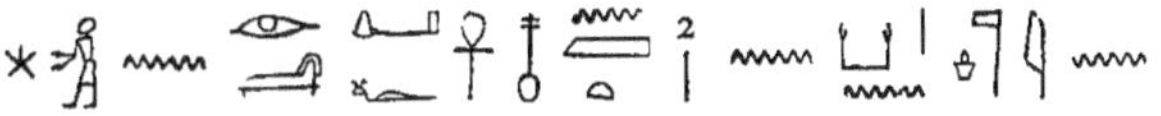 , c'est-à-dire : Adoration à Osiris afin qu'il donne une vie excellente en vérité au *double* du *divin* d'Osiris, scribe des... Ouonnofer. Presque tous les vases dont il s'agit ici avaient été offerts par ce même Ouonnofer, qui était *divin*, c'est-à-dire prêtre d'Osiris.

Le second vase que je dois décrire ici ne contient pas de scène, mais seulement une inscription de quatre lignes courant d'une oreille à l'autre, précédés d'une date et suivies de la dédicace. La date est ainsi donnée : . Voici l'inscription : 

Je ne me charge pas d'expliquer cette inscription qui est incorrecte et qui renferme l'une de ces oraisons mythologiques prononcées dans les cérémonies des funérailles. Ici ce sont les funérailles d'Osiris dont il s'agit et les paroles de l'oraison sont mises dans la bouche de Horus, le roi de la Haute et de la Basse-Égypte, juste de voix, parce qu'il devait prononcer cette oraison avec la justesse de voix requise pour impétrer sa demande. D'ailleurs, il me suffit ici de savoir ces détails pour reconnaître aussitôt qu'ils avaient trait directement au personnage d'Osiris. Or, pourquoi aurait-on gravé ces paroles sur un vase, sinon parce que le tombeau d'Osiris était là ? On m'objectera sans doute que la conclusion ne ressort pas nécessairement des prémisses, que l'on écrivait de semblables formules dans les pyramides sous l'Ancien Empire et dans d'autres tombeaux qui sont de la XXVIe dynastie. Je répondrai que le fait d'avoir gravé ces pièces dans les pyramides et dans les tombeaux cités est vrai, mais ces oraisons ne sont point mises dans la bouche de Horus roi de la Haute et de la Basse-Égypte, comme elles le sont ici parce que Horus est fils d'Osiris et, comme tel, doit remplir le premier rôle dans les funérailles de son père. Et je dois faire observer en outre que ce n'est pas la seule fois que le roi de la Haute et Basse-Égypte, Horus, est ainsi présenté remplissant ce rôle : sur tous les vases ou fragments de vases contenant le commencement de la formule de prières, il est ainsi qualifié et remplit la même fonction quoique les oraisons soient diverses. Ainsi on est amené à conclure que, pour les auteurs égyptiens, toutes les fois qu'ils emploient cette formule : *comme Horus a fait à son père Osiris*, ce n'était pas une formule banale et poétique destinée à tromper le vulgaire sur l'antiquité de la chose à laquelle il était fait allusion, mais une formule correspondant pour eux à un fait réel de la vie de Horus rendant les derniers devoirs à son père Osiris. La dédicace de ce vase est ainsi conçue :

c'est-à-dire : A offert le prophète de la vérité, Mesmîn, son frère (avec)
son fils, le nomarque, comte de la Haute et de la Basse-Égypte, Parâho-
tep. Il est impossible de savoir à l'heure présente quels sont ces personnages, mais on voit que le premier est prophète de la vérité comme
l'était Rekhmara sous le règne de Thoutmès III [1], et que si son frère ne
portait pas de titre et n'est pas nommé, son fils au contraire était investi
des plus hautes fonctions politiques : aucun de ces trois personnages
n'est qualifié de *makherou*, c'est-à-dire de *juste de voix*, parce qu'aucun
d'eux n'était mort, que tous ils étaient vivants lors de leur acte de piété
envers Osiris et que par conséquent ils n'avaient pas besoin de la justesse de voix qui ne leur était demandée qu'à partir de leur mort.

Je vais maintenant passer à la catégorie de vases contenant des inscriptions hiératiques. Ces vases sont d'ordinaire de grandes amphores
avec oreilles, en terre rouge couverte d'une couche de blanc sur laquelle
est tracée à l'encre l'inscription hiératique. S'il en est quelques-unes
d'assez bien conservées, on comprendra facilement que la plupart
d'entre elles sont pour cette raison forcément effacées, par conséquent
très difficiles à lire le plus souvent, puisque c'est à peine si l'on voit
qu'il y a eu des caractères, sans que l'on en puisse discerner les contours.
Au contraire deux ou trois de ces inscriptions écrites sur de grands *zirs*
qui étaient à moitié brisés ou fêlés au moment de la trouvaille, sont en
grands caractères hiératiques fermement tracés, mais malheureusement aussi fort effacés par le frottement qui s'est nécessairement produit. Certaines de ces inscriptions sont datées par la mention du pharaon régnant alors, et d'autres par l'année d'une ère ou d'un règne qui
n'est pas donné; mais la très grande majorité de ces *ostraca* ne portait pas de date, soit que primitivement il n'y en ait jamais eu, soit que
la partie de l'inscription contenant la date ait disparu. Le plus souvent
l'inscription mentionnait le contenu du vase, comme par exemple une
grande et belle amphore qui est actuellement au Musée de Gizeh et qui
avait contenu des feuilles de l'arbre *Aschdou* lequel était consacré à

____

(1) Virey, *Tombeau de Rekhmara*, p. 8; dans les *Mémoires publiés par la Mission
française permanente du Caire*, t. V.

Thot. Je reproduirai ici seulement deux inscriptions, non pas en caractères hiératiques, mais transcrites en caractères hiéroglyphiques : l'on retrouvera les inscriptions elles-mêmes dans les planches.

La première est datée :

C'est-à-dire : L'an 44, vins de Paqa... pour la maison d'Osiris qui est à......

Cette inscription est assez significative, car elle donne le nom du monument où l'on avait offert ce vin.

La seconde est datée du règne de Ramsès II : voici ce que j'en ai pu lire transcrit en hiéroglyphes :

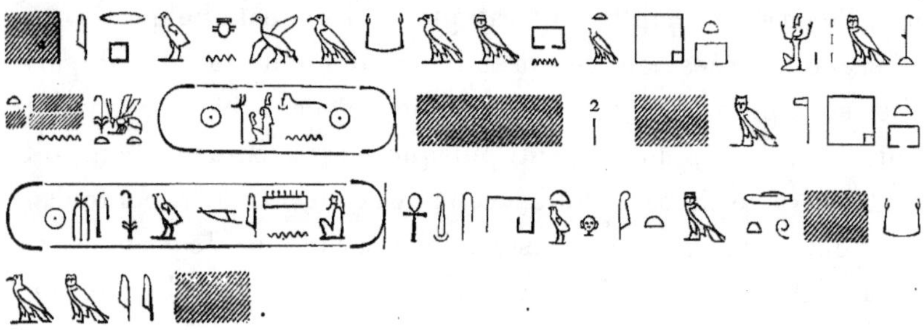

Elle mentionne une offrande de vin de Syrie (?) pour une maison que je n'ai pu réussir à connaître. Elle est moins explicite que la première, mais elle date l'offrande.

En terminant ce chapitre, je mettrai sous les yeux du lecteur un fragment d'inscription hiéroglyphique écrite verticalement, mais que je transcris ici horizontalement :

et c'est malheureusement tout. On peut cependant en tirer parti, car les mots principaux ont un sens qui se dégage naturellement, quel que soit leur rôle dans la phrase. Les mots de cette inscription se traduisent ainsi : .... *maison de rafraîchissement pour son père Osiris, elle est à*..... Les derniers mots s'appliquent peut-être à Osiris, s'ils ne s'appliquent pas

à la *maison de rafraîchissement* qui est du masculin en égyptien, tandis
que dans la traduction française le mot *maison* qui est du féminin doit
nécessairement être remplacé par un pronom féminin. Quoi qu'il en soit,
je ne veux aucunement tirer parti des derniers mots qui commencent
une autre proposition, laquelle est incomplète ; je veux seulement attirer
l'attention du lecteur sur les mots qui précèdent. Quelle est cette *maison
de rafraîchissement pour son père Osiris*, dont il est question ? Il me
semble que la trouvaille de cette inscription dans les décombres de la
grande colline emporte naturellement la situation dans le même lieu de
cette maison. Cela une fois posé, que l'on doive prendre le mot « rafraîchissement » au propre ou au figuré, la conclusion sera la même : s'il doit
être pris au figuré, il signifie le tombeau ; s'il doit au contraire n'être pris
qu'au propre, il signifie les chambres, ou peut-être la chambre du tombeau, dans lesquelles on avait placé les vases remplis d'eau destinés à
apaiser la soif du défunt revenu à la vie. Il ne me semble pas possible
d'attribuer un autre sens à ce fragment d'inscription et à expliquer autrement le renseignement qu'il nous donne.

Tels sont les renseignements fournis par les documents trouvés dans
la butte des décombres qui se trouvait au-dessus de la tombe d'Osiris,
comme au-dessus des autres tombeaux entourant celui d'Osiris. Le lecteur aura vu de lui-même que tous sans aucune exception ont trait à la
légende d'Osiris, qu'ils ont été dédiés par des dévots d'Osiris, la plupart par les prêtres de ce personnage, non pas considéré comme Dieu,
mais comme défunt ayant besoin de tout ce que l'on donnait d'ordinaire
aux défunts pour entretenir leur vie après la mort. Par conséquent tout
s'accorde à prouver que le tombeau d'Osiris était en cet endroit, car si
l'on n'admettait pas ce fait, il serait impossible d'expliquer d'une manière satisfaisante la présence en un même lieu de tant d'objets concou-
rant tous à entretenir la même idée. Et qu'on ne dise pas ici que tous les
tombeaux des Égyptiens contenaient pareillement de semblables monuments, car la chose est complètement fausse et par conséquent la conclusion qu'on en voudrait tirer serait contraire aux règles de la logique.
Tout dans le tombeau d'un Égyptien concourait à l'approvisionnement

matériel ou spirituel de celui qui y était enfermé. Si l'époque était primitive à laquelle il avait vécu, l'approvisionnement était matériel, que les choses du mobilier fussent réelles ou simplement représentées sur les murailles dans cette variété si grande de bas-reliefs qui nous ont transmis la vie des grands seigneurs égyptiens avec les moindres détails; si, au contraire, il avait vécu à une époque où la vie de la pensée était plus intense, on lui donnait un approvisionnement spirituel plutôt que matériel; de là les longues oraisons gravées sur les murs. Mais dans aucun cas, jamais on n'a trouvé, je ne dis pas dans un tombeau, quoique je puisse le dire avec une égale vérité, mais autour de son tombeau des amoncellements de poussières et des monuments offerts par une piété étrangère à la famille; d'ailleurs les Égyptiens n'auraient jamais eu l'idée de rendre le culte funéraire à un défunt qui n'eût pas appartenu à leur famille. Le seul culte public, rendu après la mort l'était au pharaon, parce que le pharaon était le père de l'Égypte entière, mais dans aucun cas on n'a amoncelé les poussières et les monuments comme ils étaient amoncelés à la quatrième colline de la nécropole d'Om el-Ga'ab. La conclusion est donc inévitable : cette colline, d'après les documents trouvés dans la butte, cachait bien le tombeau d'Osiris, et je m'y tiens.

CHAPITRE III

LES PETITS TOMBEAUX ENTOURANT LA TOMBE D'OSIRIS

Les tombeaux situés sous la quatrième butte au nombre de 166 étaient séparés des autres tombeaux de la nécropole de manière à ce qu'il ne soit pas permis de les confondre les uns avec les autres, puisqu'il y avait environ une dizaine de mètres à l'est, autant à l'ouest, et que du côté nord et du côté sud il n'y avait pas d'autres tombeaux, si ce n'est celui de *Perabsen*, au nord-ouest, lequel est resté complètement isolé. Par conséquent, quand je parlerai des tombeaux environnant celui d'Osiris, j'entendrai seulement ces 166 tombes recouvertes par les décombres de la quatrième butte, et non pas toutes les autres tombes de la nécropole. En était-il de même des auteurs égyptiens et de l'auteur gréco-égyptien qui a écrit le traité *De Iside et Osiride,* lorsque les premiers parlent d'une bonne sépulture près de l'escalier du Dieu Grand ou lorsque le second dit que les principaux personnages de l'Égypte aimaient à se faire enterrer près d'Osiris à Abydos[1], ce qui avait paru tellement impossible après les fouilles de Mariette qu'on avait pris le parti d'expliquer la bévue de l'auteur gréco-égyptien par un voyage que l'âme du défunt aurait fait au Lieu Saint de l'Égypte, après la mort, afin de se rendre vers les Enfers[2]? Je suis persuadé que tous entendaient ce qu'ils écrivaient dans un sens très large, qu'ils ne limitaient pas leurs paroles seulement au quadrilatère des tombes entourant immédiatement celle d'Osiris, mais les étendaient tout au moins à la nécropole entière d'Om el-Ga'ab.

---

(1) *De Iside et Osiride*, éd. Parthey, p. 34.

(2) Cf. Maspero, *Études égyptiennes*, t. I, fasc. 2 : *Étude sur quelques peintures et sur quelques textes relatifs aux funérailles*, p. 122-139.

Mais le lecteur comprendra facilement que je ne puisse suivre ces auteurs et que je me dois limiter aux tombeaux entourant immédiatement celui qui fut dédié à Osiris. Je ne parlerai donc que de ces tombeaux et je n'en parlerai qu'autant qu'ils m'auront fourni des documents ou des résultats pouvant prouver l'attribution du tombeau central à Osiris ou seulement parler en faveur de cette attribution. S'il fallait agir autrement, ce ne serait pas un opuscule que je devrais écrire, ce serait le compte rendu détaillé de mes trois années de fouilles qu'il me faudrait faire passer aujourd'hui sous les yeux de mes lecteurs, ce que je n'ai pas le temps de faire et ce qu'il n'est pas possible de souhaiter. Les tombeaux environnant la tombe d'Osiris ont été explorés partie pendant la première, partie pendant la troisième campagne de mes fouilles : qu'ils fussent situés à l'est ou à l'ouest, au nord ou au sud, ils étaient de même nature, de même époque et étaient meublés d'une façon identique. Tous avaient été creusés dans le sol de la montagne à des profondeurs variables et aussi avec des dimensions différentes : la montagne excavée avait reçu un revêtement de briques crues recouvertes, elles aussi, d'un crépissage en terre battue pour masquer les lignes des lits de briques et les joints des briques. Bien mieux même, la partie creusée avait de très grandes dimensions et on l'avait par la suite divisée en un certain nombre de tombeaux. Je n'ai pas besoin d'entrer ici en plus de détails sur la disposition des tombes, sur leur espacement et sur bien d'autres questions qui n'ont aucun rapport avec le sujet qui m'occupe. Il me suffira de dire que le mode de construction était le même pour toutes les tombes qui environnent celle d'Osiris et aussi, je dois le dire, pour toutes les tombes de la nécropole, sauf pour le grand tombeau de Set et de Horus qui était bâti de façon particulière. Dans tous les tombeaux on avait employé des briques de petites dimensions, ne contenant que très peu de paille, contenant au contraire un certain nombre de coquilles fluviatiles qui s'étaient trouvées dans la boue que l'on avait mise dans la forme dont on se servait pour la fabrication. Il n'y avait d'autre différence dans la construction que le plus ou moins d'épaisseur de murs d'enceinte et quelques appendices architecturaux,

comme il est facile de le comprendre, puisque le tombeau n'était que la
maison du *double* ou la maison d'éternité, et qu'il y a des différences
sensibles dans les maisons de la vie ordinaire selon la richesse des
propriétaires. Quand on travaillait pour un grand seigneur ou pour le
roi des deux Égyptes, il est facile de comprendre que les maçons appor-
taient plus de soin à leur travail que s'ils travaillaient pour quelque
homme du commun. Aussi le tombeau d'Osiris ne différait-il des autres
tombeaux qui l'entouraient ou de ceux de la nécropole entière d'Om el-
Ga'ab que par l'épaisseur des murs; — plus cette épaisseur était grande,
plus le personnage propriétaire du tombeau avait d'importance — par
le soin apporté dans la construction et par les ornements architecturaux
qui commencent de se montrer. Ce sont là toutes les différences qu'on
y peut trouver : les uns et les autres étaient couverts d'une toiture; la
toiture différait encore selon la richesse du propriétaire, mais elle existait pour tous, car j'ai fait des observations qui sont toutes pour le fait
que j'énonce. Le plan devait aussi apporter beaucoup de différences
dans l'exécution; mais ces différences sont parfaitement prévues et il
n'y a rien là qui puisse faire un seul moment supposer une différence
d'époque. Si la manière de construire, si les matériaux employés, si les
fautes et les défauts de construction sont les mêmes et si dans l'emploi
des ornements architecturaux on s'en tient à ceux qui sont les plus
simples, qui ont dû se présenter les premiers à l'esprit chercheur de
l'homme, il me semble qu'on doit conclure à l'unité d'époque pour les
uns et pour les autres, sans que je veuille dire que cette unité d'époque
doive être enfermée dans tel ou tel espace de temps, car je sais que
l'on ne peut utilement fixer d'époque même approximative pour ces
temps reculés. Or, c'est ce qui a lieu pour toutes les tombes de la nécropole d'Om el-Ga'ab sans la moindre exception. Il en faut donc conclure
qu'elles ont été construites à une époque sensiblement la même, quoique
celle d'Osiris ait vraisemblablement dû être construite la première.

L'ameublement de ces tombes n'offre rien qui puisse nous écarter de
cette conclusion. Dans toutes les tombes, c'est le même ameublement :
le squelette est enfermé dans une caisse en bois; autour de la caisse, et

quelquefois dedans, on a rangé les divers articles du mobilier funéraire qui est toujours le même partout où il s'est rencontré. Il se divise en deux grandes parties : les vases en pierres et les poteries composent la première, la seconde comprend les ustensiles et les objets d'agrément autres que les vases et les pots. Tout est marqué au même coin et pas un seul objet ne détonne. Comme ces objets ne se sont retrouvés à aucune des époques historiques représentées dans les musées, il faut bien avouer qu'ils appartiennent au moins aux premières dynasties ou à des dynasties antéhistoriques que nous appelons d'après Manéthon, dynasties des mânes et dynasties divines. Les poteries sont d'une forme particulière que l'on n'avait pas rencontrée avant les fouilles de M. Flinders Petrie à Neggadeh[1] et de M. de Morgan sur le même site : nulle part elles n'ont été rencontrées en aussi grand nombre qu'en Abydos, dans la nécropole d'Om el-Ga'ab. M. Petrie n'a pas même rencontré ces grandes jarres d'un mètre de haut environ, coiffées d'un grand bouchon conique en terre battue estampillé du nom d'un grand personnage, que j'ai été le premier à trouver à Abydos et que M. de Morgan a trouvées aussi de son côté dans l'exploration du monument de Neggadeh. Pour les vases en pierre dure, en nul autre endroit on n'en a rencontré en aussi grand nombre, puisque dans le seul tombeau de Set et de Horus, j'en ai trouvé environ trois mille[2]. Ces vases, par leurs formes et par leur travail, accusent une époque non encore reconnue : à la vérité, on en a trouvé, certaines de ces formes, à des époques historiques ne descendant pas plus bas que la VIe dynastie; mais autant qu'on en peut juger par les vases datés, par exemple ceux qui portent les cartouches de Pépi Ier et de Pépi II, il y a une très grande différence entre les uns et les autres, soit par la qualité de la matière employée, soit par la forme du

---

(1) J'emploie ici le nom de ce village parce que M. Fl. Petrie a intitulé le volume où il rend compte de ses travaux *Naqada* (Neggadeh), mais réellement il a fouillé au nord de ce village sur le site de Toukh.

(2) Je dois dire que malheureusement tous ces vases étaient brisés et que ce chiffre n'est qu'approximatif; mais de ces vases brisés, j'ai pu reconstituer une collection de 500 vases complets ou à peu près, qui sont comme intacts et qui réparent autant que possible les effets de la spoliation des Coptes.

vase, soit par la manière dont s'est effectué le travail. La matière est à la
fois plus belle et moins bien travaillée aux époques suivantes, on n'avait
pas le libre choix entre des matériaux qui ne laissent pas que d'être ma-
gnifiques, mais on savait mieux les tailler et leur donner de l'apparence;
quant à la forme, on avait fait un choix parmi le très grand nombre de
formes que l'on avait d'abord employées et que l'on avait trouvées ensuite peu utilisables et même peu faites pour la pratique générale à
cause de leur incommodité. Ce sont là sans doute de bien minutieuses
observations que l'on ne peut pas faire dans son cabinet, qui nécessitent
l'étude des objets, étude que rien ne saurait remplacer, pas même la
philologie la plus éclairée. En outre, sur certains de ces vases, comme
sur les bouchons coniques ou sphériques des grands pots dont il a été
question plus haut, il y a des inscriptions dédicatoires, et ces inscriptions comprennent des signes dont la forme est entièrement nouvelle,
qui par conséquent appartiennent à une époque plus ancienne que les
monuments les plus anciens possédés par le Musée de Gizeh ou par
certains autres musées des plus riches en Europe, plus ancienne même
que les panneaux de Hosi qui sont considérés comme très anciens, datant environ de la II.ᵉ dynastie, sinon d'avant. Un seul monument existe
qui puisse réclamer une aussi haute antiquité que ceux que j'ai rencontrés au cours de mes fouilles, c'est la statue en granit n° 1 du Musée de
Gizeh, laquelle porte sur l'une de ses épaules trois noms de *doubles*,
comme ceux que j'ai trouvés à Abydos. L'honorable M. Maspero, qui
s'est déclaré le plus acharné de mes adversaires pour ce qu'il appelle
mes théories, m'avait fait le 29 mai 1896, dans la séance de l'*Académie
des Inscriptions et Belles-Lettres*[1], une belle leçon pour m'enseigner

(1) Cf. E. Amélineau. *Les nouvelles fouilles d'Abydos*. Angers, Burdin, p. 23 et 26 et le
Compte rendu des séances de l'*Académie des Inscriptions et Belles-Lettres* à cette date.
Je maintiens absolument le résumé que j'ai donné dans ma brochure des paroles prononcées par M. Maspero ; il se peut que mon style ne vaille pas le sien, mais je n'ai pas
l'habitude de tronquer les textes ou les paroles de mes adversaires, et en cette occasion
j'ai reproduit aussi exactement que possible les réflexions suggérées par ma lecture,
tandis que M. Maspero a soigneusement élaboré chez lui le texte des réflexions qu'il a
envoyé après coup pour le *Compte rendu*, ayant soin d'élaguer tout ce qu'il aurait été
trop facile de retourner contre lui.

qu'en archéologie il ne fallait pas comparer des monuments de faires différents, quoique je ne l'eusse pas fait, car mes travaux avaient eu lieu à Abydos et la statue dont il s'agit avait été trouvée, croit-on, à Memphis[1]; je dois dire ici que les travaux de la seconde campagne ont démontré, fort malencontreusement pour M. Maspero, que si j'avais comparé les noms des rois trouvés à Abydos avec les noms inscrits sur la statue, j'aurais eu raison de le faire, car le premier de ces noms s'est rencontré dans le tombeau de Set et de Horus, gravé sur un vase en cristal de roche. Le cristal de roche joue en effet un grand rôle dans les vases que j'ai rencontrés, et c'est sur ce point qu'ont porté les dénégations les plus vives et les plus scientifiques ; mais ces dénégations sont tombées devant la vue des fragments de vases découverts à Abydos et à Neggadeh. Cette première catégorie d'objets déposés dans le tombeau s'est rencontrée de même dans celui d'Osiris avec les mêmes contenus.

La seconde catégorie comprend les objets les plus divers : silex, ivoires, objets en métal, bois travaillé, etc. Les silex étaient en nombre fort considérable et avaient toutes les formes connues; les ivoires étaient des chefs-d'œuvre de sculpture que ne renieraient pas nos sculpteurs modernes les plus célèbres; les objets en métal annonçaient au contraire le commencement de l'industrie métallurgique, et les bois travaillés attestaient, comme les ivoires, une grande habileté. Dans certaines des caisses, on avait même réuni les métaux et le bois, car des chevilles en cuivre rouge avaient été employées pour maintenir ou pour orner le bois. Et non seulement la matière des objets était la même, mais encore ces objets étaient de même forme. Les silex comprenaient

---

(1) Je mets ce *croit-on* parce que l'on n'est pas sûr au Musée de Gizeh de la provenance de la statue, et que, pour mieux dire, on n'en sait absolument rien. Cette statue fut sans doute trouvée à une époque où on la regarda comme d'un faire déplorable, et on l'avait reléguée dans les *schounehs* du Musée. Il en est malheureusement de même pour la très grande majorité des objets réunis, non seulement dans ce Musée, mais dans les musées d'Europe. Les monuments de cette sorte perdent une grande partie de leur intérêt et parfois tout intérêt de ce fait. La science exige impérieusement que l'on soit certain de la provenance des objets. Au moins pour les objets que j'ai recueillis on est certain de la provenance et de l'époque, et par l'étiquetage on a le numéro du tombeau dans lequel tel objet a été recueilli.

des racloirs, des grattoirs, des couteaux, des pointes de flèches, le tout
d'une beauté peu commune, et parfois même très extraordinaire. Les
ivoires comprenaient des pieds de meubles d'une facture étonnante de
hardiesse, des animaux reproduits par la sculpture, et de petits pots de
forme cylindrique, quelques-uns, portant des inscriptions et ces inscriptions comprenaient des caractères nouveaux, comme celles dont il
a été question au paragraphe précédent. Les vases de métal sont tous
en cuivre rouge et affectent les formes les plus différentes, depuis le
grand bassin jusqu'à la petite chaudière votive faite au martelé. Les
autres objets votifs ou ayant servi réellement sont des ciseaux, des couteaux, des pincettes, des haches, etc. Les objets en bois travaillé indiquent déjà une très grande habileté : il y en a de toutes les formes, car
l'imagination naïve des premiers ouvriers arrivés à posséder la maî-
trise nécessaire se dépensait hardiment et sans grand jugement où
l'emportait sa fantaisie. Dans le tombeau d'Osiris j'ai retrouvé, autant
que me l'a permis l'incendie et par conséquent la destruction par le feu,
tous les objets dont je viens de parler. Si je n'ai pas découvert des objets
intacts, les fragments d'objets valent ici autant que les objets eux-mêmes,
car il nous suffit de voir, par exemple, un pied de meuble en ivoire,
même calciné, pour conclure de suite qu'on avait fait le meuble tout entier; de même pour les autres objets. Pour les vases en métal, je dois
dire que je n'en ai pas trouvé dans le tombeau d'Osiris ; mais en revanche,
j'ai rencontré quantité de fragments prouvant jusqu'à l'évidence que les
objets en métal y avaient été fort nombreux, car le feu en avait formé
de véritables lingots. Donc de ce côté encore, rien ne prouve que le
tombeau d'Osiris soit d'une époque autre que les tombeaux qui l'entouraient, soit sous la grande colline, soit dans la nécropole entière d'Om
el-Ga'ab; tout au contraire concourt à montrer la même époque. Il me
reste à ajouter que le mode de sépulture était à peu près le même, car
tous les squelettes rencontrés étaient dans la position dite *contractée*, à
l'exception de quelques particularités que j'examinerai bientôt. De ce
côté-là encore le tombeau d'Osiris n'offrait aucune différence avec la
très grande majorité des tombes réunies autour.

Il me faut maintenant pousser plus avant et m'occuper spécialement des tombeaux situés dans le voisinage immédiat de la tombe d'Osiris, sous la quatrième ou grande butte. De chaque catégorie de tombeaux, j'entends par là ceux situés sur le même point cardinal, sont sortis des documents qui cadrent complètement avec ce qui était nécessaire pour l'attribution à Osiris de la tombe centrale. Ayant déjà traité de l'ensemble de la construction et de l'ameublement du tombeau, je ne m'occuperai ici que des particularités.

Les tombes de l'est étaient toutes, autant que j'ai pu en juger, des tombes de femmes. Peut-être dans la plus grande et la plus soignée, car il y en avait une de remarquable de ce chef au milieu de la vulgarité des autres, se trouvait le corps d'Isis; mais rien n'est venu me l'annoncer. Quoi qu'il en soit, ces tombes offraient une particularité remarquable : dans presque toutes on a trouvé des cheveux de femmes tressés avec un art admirable. J'ai fait ramasser ces cheveux avec grand soin et je les considère seulement au point de vue artistique comme l'une des plus belles choses qu'il m'ait été donné de rencontrer au cours de cette année. Ces cheveux étaient épars dans le sable et n'étaient rattachés à aucun crâne : il était visible qu'on les avait mis là dans un moment de dévastation, car ils se trouvaient à tous les étages de la tombe et je crois pour ma part qu'ils provenaient du tombeau d'Osiris. Les uns étaient nattés, les autres tressés avec le soin le plus minutieux et avec tant d'habileté que les artistes capillaires ne feraient pas mieux aujourd'hui, si même ils faisaient si bien. A côté de mèches et de nattes noires ou brunes, il y avait des cheveux blancs, et tous ces cheveux avaient appartenu à des femmes. Les spoliateurs, ayant spolié et vidé les tombeaux de l'est autant qu'ils l'avaient pu, ont projeté les décombres et les objets qu'ils enlevaient du tombeau central dans les tombes, et parmi ces objets étaient les cheveux dont je parle. Or que pouvaient faire dans le tombeau d'Osiris ces ouvrages en cheveux ? L'auteur du traité *De Iside et Osiride* va nous répondre, car il nous apprend qu'Isis, dès qu'elle apprit le meurtre de son mari par son frère, coupa une tresse des cheveux de sa tête et prit un habit de deuil, consacrant les premiers

comme un souvenir pieux de la perte regrettable qu'elle venait de subir [1].
Je laisse de côté maintenant ce qui a trait aux habits que je retrouverai
plus loin, et je ne retiens que ce qui regarde les cheveux. Je crois que
l'exemple d'Isis fut suivi par les dames égyptiennes du temps et que ces
dames consacrèrent leurs chevelures en signe de deuil pour Osiris.
Jamais jusqu'ici on n'avait trouvé de semblables ouvrages dans les
tombeaux; et, si l'on me disait que vraisemblablement on en a trouvé
de semblables, mais qu'on ne les a pas recueillis par dédain ou simplement par négligence, je répondrais que, si de pareilles nattes et tresses
étaient tombées entre les mains des fouilleurs, on les eût certainement
recueillies à cause de la beauté et de la finesse du travail, que des
fouilleurs émérites tels que MM. Petrie et de Morgan ne les eussent
certainement pas négligées, car ces cheveux nous en apprennent long sur
la civilisation de cette époque : ils n'en ont pas trouvé parce que, sauf
pour Osiris, ce n'avait pas été l'habitude que les dames égyptiennes
se coupassent les cheveux en signe de deuil. On ne peut pas dire davantage que ces cheveux étaient tressés au moment de la mort, qu'on a
enterré la femme avec, que ces cheveux se sont détachés du crâne dans
la suite des siècles et que je les ai retrouvés dans les tombes : il n'en
a pas été ainsi, parce que pour faire de semblable ouvrages, il fallait
avoir les cheveux à sa libre disposition; des cheveux encore adhérents
à la tête n'auraient jamais pu recevoir la forme qu'on leur a donnée et
représenter les dessins primitifs qu'on leur a fait représenter. Certains
de ces ouvrages ont dû demander plusieurs jours de travail délicat et
attentif, sinon plusieurs semaines. Jamais on n'aurait pu leur donner
ces formes s'ils eussent adhéré au crâne d'une personne morte. Quant
à la question du tressage de ces cheveux, tous ceux qui ont lu le conte
des *Deux frères* que nous a conservé le papyrus d'Orbiney savent que

---

(1) Ce passage est tellement important que je veux en citer le texte. Le pseudo-Plu-
tarque dit donc expressément : τὴν δ' Ἴσιν αἰσθομένην κείρεσθαι μὲν ἐνταῦθα τῶν πλοκάμων ἕνα,
καὶ πέντιμον στολὴν ἀναλαβεῖν. *De Iside et Osiride*, éd. Parthey, p. 23, lignes 9-11. Nous
retrouverons plus loin ce qui regarde les habits, quand je parlerai des tombeaux du
sud.

la femme du grand frère était occupée à tresser ses cheveux lorsque le plus jeune frère vint à la maison chercher les semences nécessaires, et quiconque a pu voir encore de nos jours les femmes coptes s'appliquer à l'art difficile de tresser leur chevelure, ou les femmes du peuple à Naples se livrer au même exercice, comprendra facilement qu'il faille avoir des loisirs assurés pour arriver à parfaire ce tissage. La chose en elle-même n'a donc rien d'impossible, puisque la coutume a survécu jusqu'à nos jours : je dis seulement qu'elle devient impossible, lorsqu'on fait des œuvres véritables d'un art aussi fin, aussi délicat et qui demande autant d'attention et de soins de la part de l'opérateur. Par conséquent, ces tresses n'ont pu être faites que de propos délibéré avec des cheveux détachés de la tête, et non encore attachés à la tête qu'ils recouvraient. Par conséquent encore si on les a portées au tombeau d'Osiris ou dans les environs, ce n'a pu être que pour imiter l'action d'Isis et honorer la mémoire d'Osiris. Par conséquent enfin, si on les a portées à Om el-Ga'ab où je les ai trouvées, c'est que là était le tombeau d'Osiris, alors qu'il eût été si facile de les porter au temple d'Osiris, à Kom es-Soultan, c'est-à-dire tout à côté du village actuel d'El-Kherbeh ; si on ne les a pas portées à Kom es-Soultan, c'est qu'on a préféré les consacrer au lieu même où était le tombeau d'Osiris.

Les tombeaux du nord n'ont pas fourni de documents aussi importants ; cependant ils ont donné deux sortes d'objets sur lesquels je demande à attirer l'attention du lecteur. La première sorte consiste en de nombreux fragments de toisons trouvés dans les tombeaux ; la laine adhérait encore à la peau de l'animal, quel qu'il puisse être. On a même trouvé dans ces tombeaux des griffes d'animal, peut-être de celui auquel appartenait la laine : l'examen scientifique fait par un spécialiste déterminera d'ailleurs ce point particulier[1]. Ces fragments de toisons étaient en si grande abondance dans le même tombeau que je suis persuadé m'être trouvé là en présence d'un fait déjà signalé par Mariette, di-

---

(1) Je ne dis point que ce soit de la laine de mouton ; mais il y a assez d'autres animaux qui sont lanigères et quelques-uns comme le mouflon à manchettes sont connus dès les tombeaux à bas-reliefs qui les représentent avec le plus grand soin.

saut avoir rencontré dans ses fouilles de Saqqarah des squelettes non
momifiés couchés dans des habits de laine [1]. Je crois donc aussi qu'à Om
el-Ga'ab on avait enterré certains corps, non pas dans des habits de
laine, mais dans des peaux d'animal portant encore la laine, car, à
qui sait combien les Égyptiens de l'époque historique eurent horreur
des habits de laine pour l'enterrement des cadavres momifiés, ce fait
semblera significatif au plus haut degré. Certainement les gens qui se
firent enterrer roulés dans une peau d'animal porte-laine ne pensaient
pas comme pensèrent plus tard leurs descendants; nous verrons bientôt quels furent les commencements de la momification par le natron
et je puis dire que, dans les tombeaux situés au nord de la tombe d'Osiris, il n'y avait rien qui rappelât de si loin que ce pût être les procédés
de la momification. La momification n'était donc pas inventée et l'on en-
veloppait les corps dans des peaux d'animaux, comme ailleurs on les en-
veloppait dans des nattes [2]. Il est impossible de nier que ce mode d'ensevelissement ne soit logiquement plus ancien que la momification,
puisque la momification devenue générale proscrivait entièrement l'emploi de la laine pour n'adopter que celui du lin et du coton, sans doute
pour des raisons purement hygiéniques et naturelles, car, si l'on eût
versé le natron bouillant sur la laine en suint, elle aurait été complètement brûlée, et tout aurait été à recommencer. Or, s'il en est ainsi, cela
cadre très bien avec l'antiquité requise pour le tombeau d'Osiris.

La seconde série d'objets est plus spéciale encore comme indice de
civilisation. J'ai rencontré un peu partout, mais surtout dans les tombeaux situés au nord de la tombe d'Osiris, un très grand nombre de
petits objets en ivoire pour la plupart, en bois d'ébène ou en bois très
dur pour l'autre partie, que j'avais pris la première année pour des bâ-
tons à fard, parce qu'ils avaient à l'une de leurs extrémités de la couleur

---

(1) Mariette, *Les Mastabas*, dans les tombeaux des quatre premières dynasties. Mariette regardait cet emploi de vêtements de laine comme un signe d'antiquité, et il ne se
trompait guère. Resterait à savoir si ces vêtements étaient tissés ou, si au contraire, ce
n'étaient que des vêtements de peaux d'animaux non préparées.

(2) Flinders Petrie, *Ballas and Naqadá*, p. 15, 23, 25, 27. Ce savant n'a pas rencontré
de squelette enfermé dans une peau d'animal.

rouge. Ils étaient ronds et pointus à l'une de leurs extrémités pendant qu'à l'autre ils n'avaient pas même été polis. Quelques-uns de ces objets ont été marqués à l'aide de deux caractères hiéroglyphiques et ces deux caractères ne sont pas de ceux dont l'on connaisse la lecture. Je fus long à me détromper de l'attribution que je leur avais supposée, bien que la partie non polie me donnât beaucoup à réfléchir ; l'ami que j'avais avec moi cette année à Abydos, M. A. Lemoine, m'affirmait que c'étaient des pointes de flèche et je ne voulais pas ajouter foi à son identification, bien qu'il soit expert dans les objets fabriqués des civilisations encore dans l'enfance des sauvages, qu'on me pardonne cette union de mots qui semblent jurer d'être ensemble. Or, un jour, je rencontrai dans les fouilles un certain nombre de roseaux, de ceux dont on se sert pour écrire, et en voyant que l'extrémité non polie des pointes de flèche entrait admirablement dans le creux du roseau, je finis par dire à mon compagnon que je serais bientôt converti à sa manière de voir. Puis un autre jour, je rencontrai un roseau avec l'encoche de la flèche à l'une de ses extrémités : dès lors j'acceptai l'identification de mon compagnon et mon attention fut de suite attirée par la couleur rouge de l'extrémité pointue de l'objet. Je me dis que cette substance rouge devait être du poison, et c'est ce que vérifiera l'analyse chimique à laquelle je la soumettrai. La suite des fouilles me réservait un surcroît de preuve en me faisant mettre la main sur une flèche complète, encoche, roseau et pointe encore emmanchée, de sorte qu'il n'y avait plus moyen d'entretenir le plus léger doute. Or, les flèches empoisonnées sont employées surtout dans les civilisations primitives : de très bonne heure elles disparurent, comme étant plus terribles que de raison. Elles ont été conservées cependant chez les peuplades demi-sauvages, chez celles surtout qui ont senti le besoin de la ruse pour lutter contre la force de leurs adversaires, notamment chez ces tribus de nains que M. Stanley a retrouvées toujours vivantes au cœur de l'Afrique [1]. La présence de pareilles flèches dans les tombeaux d'Om el-Ga'ab, et par-

---

(1) Stanley, *Dans les ténèbres de l'Afrique*, éd. française, t. I, p. 242, 341, etc.

ticulièrement dans les tombes situées au nord de celle d'Osiris, serait
une preuve, à supposer que la présence du poison puisse être chimique-
ment constatée, que la civilisation à l'époque d'Osiris ou immédiatement postérieure était encore primitive, malgré que par certains côtés de
cette civilisation les hommes eussent fait de grands progrès. Donc, elle
confirmerait plutôt qu'elle réfuterait l'attribution de la tombe centrale
à Osiris. Dans ces tombeaux on trouva aussi certains ossements qui ne
peuvent être attribués qu'à ces nains dont je parlais plus haut, mais,
comme nous retrouverons dans les tombes du sud la présence de ces
nains nettement caractérisée, j'en reparlerai quand il sera question de
ces tombeaux.

Les tombes situées à l'ouest de la tombe centrale étaient les plus
riches en objets artistiques : elles n'auraient renfermé rien qui fût particulièrement intéressant pour la question qui m'occupe, si l'on n'y eût
rencontré des objets que certes je ne m'attendais pas à rencontrer,
à savoir des pièces de jeu d'échecs. Le temps est passé où l'on attribuait
l'invention du jeu d'échecs à Palamède, l'un des héros du siège de Troie ;
on avait trouvé en Égypte, non seulement la représentation du jeu
d'échecs à une époque bien antérieure à la guerre de Troie, mais encore
des échiquiers ou des damiers. Mais de là à faire remonter l'invention
du jeu d'échecs jusqu'à l'époque d'Osiris, il y a loin. Cependant l'auteur
gréco-égyptien qui nous a conservé la légende d'Osiris raconte en tête
de cette légende que Thot[1], celui que les Grecs appellent Hermès, le dieu,
plus tard assimilé à la lune, joua aux échecs avec la Lune, lui gagna
successivement plusieurs parties, que l'enjeu était une fraction déterminée du temps et que les fractions gagnées par lui furent retranchées
de l'année lunaire pour être reportées à l'année solaire, d'où les jours
épagomènes. Je n'ai pas à décider si l'addition des jours épagomènes
à l'année solaire vague vint de ces mémorables parties d'échecs, et

---

(1) Voici le texte de cet auteur : ἐρῶντα δὲ τὸν Ἑρμῆν τῆς θεοῦ συνελθεῖν · εἶτα παίξαντα πέττια
πρὸς τὴν Σελήνην, καὶ ἀφελόντα τῶν φώτων ἑκάστου τὸ ἑβδομηκοστόν ἐκ πάντων ἡμέρας πέντε συνε-
λεῖν καὶ ταῖς ἑξήκοντα καὶ τριακοσίαις ἐπάγειν ἅς νῦν ἐπαγόμενας Αἰγύπτιοι καλοῦσι καὶ τῶν θεῶν
γενεθλίους ἄγουσι. *De Iside et Osiride*, éd. Parthey, p. 19, l. 5-10.

j'avouerai bien bas que je n'en crois rien, car le comput astronomique
est une science de luxe qui d'habitude naît dans des sociétés hautement
cultivées; je n'ai qu'à considérer que la mention de ce fait selon l'auteur
du traité *De Iside et Osiride*, à savoir que le jeu d'échecs était déjà connu
à l'époque d'Osiris, puisque Thot, l'inventeur des arts et des sciences,
selon les traditions égyptiennes, jouait aux échecs avec la Lune. Or,
j'ai rencontré dans une tombe située à l'ouest du tombeau d'Osiris, mais
faisant partie du quadrilatère de tombes environnant la tombe centrale,
des pièces d'échecs en ivoire, et d'autres en grès émaillé que je n'avais
pas reconnues tout d'abord. Je les ai rencontrées tout au fond des tombes,
entre une caisse où se trouvait encore le cadavre et le mur du tombeau,
ainsi que mon journal en fait foi. La concordance de ces deux faits, à
savoir que l'auteur du traité *De Iside et Osiride* parle de partie d'échecs
jouées entre Thot et la Lune, et que j'ai trouvé dans les tombeaux
voisins de celui d'Osiris des pièces se rapportant indubitablement
au jeu d'échecs, ne manquera pas de frapper les esprits réfléchis
qui n'ont aucun parti-pris dans la question qui m'occupe. La possibilité de faire des pièces d'échecs en ivoire et en grès émaillé ressort
d'elle-même des faits concomitants : on savait admirablement sculpter
l'ivoire, car les artistes qui pouvaient sculpter l'admirable petit lion que
j'ai trouvé et les pieds de fauteuil non moins surprenants pouvaient à
plus forte raison faire des pièces de jeu d'échecs et devaient trouver
que ce n'était qu'un puéril amusement pour eux; d'un autre côté, le
grès émaillé était connu dès cette époque, car dans le tombeau de Set
et de Horus j'ai rencontré une certaine quantité d'objets en cette matière, tous par bonheur objets inconnus auparavant et qui ressortissent
indubitablement à la civilisation contemporaine des deux grands adversaires, et cette année encore j'ai retrouvé quantité de fragments de cette
matière, même en grès jaspé, ce qui est autrement important pour
l'histoire des arts industriels. Rien ne s'oppose donc à ce que ces objets
datent de l'époque d'Osisis, tout au contraire concorde à le prouver. Par
conséquent il était possible que Thot et la Lune fissent ensemble les parties d'échecs dont parle l'auteur du traité *De Iside et Osiride*; par consé-

quent son récit est confirmé par ma trouvaille et par conséquent enfin on comprend très bien que ces pièces aient pu être mises dans un tombeau situé près de celui d'Osiris, à moins que peut-être elles ne provinssent du tombeau même de ce grand homme [1].

J'arrive maintenant aux tombeaux situés au sud de la tombe centrale, et j'y trouve trois faits intéressants à noter, à savoir : la présence de squelettes de nains, la présence d'étoffes en abondance et l'emploi initial du natron pour la conservation des cadavres. J'avais déjà rencontré des ossements de nain dans une tombe située au nord, mais dans un tombeau du sud je trouvai un certain nombre d'ossements encore enfermés dans une toute petite caisse de bois que je pris tout d'abord pour un cercueil d'enfant. Cette caisse mesurait extérieurement 1^m,14, avait 0^m,37 de largeur extérieure. 0^m,35 de hauteur et était épaisse de 0^m,05, ce qui donne pour l'intérieur seulement 1^m,04. Le tombeau où fut trouvée cette caisse porte le n° 96 dans l'ordre des tombeaux ouverts. Outre que les enfants ne sont jamais enterrés dans les tombeaux honorifiques des Égyptiens avant une certaine époque, laquelle n'est pas antérieure à la XVIIIe dynastie, ceux que la mort a prématurément enlevés n'ont pas des os aussi gros qu'en avait le squelette dont il s'agit et surtout n'ont pas un crâne énorme et 16 dents à la mâchoire supérieure [2] : il n'y a donc pas à hésiter et il faut bien admettre la présence d'un squelette de nain. On sait que la présence de nains à la cour des Pharaons et même dans l'entourage des grands personnages de l'empire égyptien a été reconnue

---

(1) Je dois dire ici que les pions en ivoire et ceux en grès émaillé n'ont pas la même forme ; les premiers ont celle d'une calotte sphérique, comme sur le signe ⌂ des inscriptions archaïques, en particulier dans la tablette d'ivoire trouvée par M. de Morgan à Neggadeh (cf. *Les origines de l'Égypte. Le tombeau royal de Nagadah*, p. 167), et où l'on a voulu lire le nom de Ménès ; les seconds au contraire ont la forme des pions représentés dans les hiéroglyphes ordinaires, c'est-à-dire celle-ci ⍟. J'ai trouvé quatre des premiers, un ou peut-être deux des seconds, et une *tour* en ivoire ayant exactement la forme de nos *tours* actuelles, excepté qu'elle a le pied plus massif et qu'elle contient l'échelle nécessaire pour y monter.

(2) Ce crâne a une dentition curieuse : les deux incisives du milieu sont très larges et assez longues ; les canines de chaque côté se sont placées comme elles ont pu à cause du manque de place ; les molaires sont larges et bien assises.

de tout temps. A la VIᵉ dynastie on envoyait une expédition avec mission de rapporter au pharaon Pepi II un nain qui sût *danser le Dieu*, comme s'exprime le texte égyptien, et qui précisément appartenait à une tribu des Dingas, dont M. Stanley a retrouvé les représentants en Afrique où ils portent encore le même nom [1]. A la XIIᵉ dynastie, un nain nommé Ekhnoum-hôtep est revêtu des fonctions de surveillant de la lingerie, et j'ai moi-même vu au Caire le nain du khédive Ismaïl, le dernier représentant des nains de cour. Or ces nains ou Dingas, comme les appellent les textes égyptiens, ont un rôle à jouer dans la légende d'Osiris, car on les trouve mentionnés dans les textes de la pyramide de Pepi Iᵉʳ, et je ne saurais mieux faire que de résumer ici le passage dont il s'agit. Quand le pharaon Pepi est mort, son âme se met en marche pour se rendre aux champs d'Ialou où siège Osiris, devenu le souverain dispensateur de la justice ultra-terrestre. Un nocher accourt avec sa barque pour lui faire passer le lac redoutable qu'il fallait traverser; Pepi le passe et envoie de suite le nocher informer Osiris que Pepi amène avec lui un de ces Dingas ou nains qui savent danser le Dieu, et Osiris est tellement charmé par cette nouvelle et par le plaisir que lui promet l'arrivée du nain qu'il envoie aussitôt l'ordre d'admettre Pepi en sa présence [2]. Pour qui connaît la manière dont les scribes égyptiens composaient leurs ouvrages, le soin avec lequel ils se gardaient d'innover surtout dans des textes aussi vénérés que ceux des livres reproduits sur les parois des pyramides, il est évident qu'un scribe n'aurait pas mis dans la bouche de Pepi des paroles ayant trait à un personnage inconnu d'Osiris, dont le Dieu aurait entendu parler pour la première fois et qu'on devait tabler plus sur la mémoire que sur

---

(1) E. Schiaparelli, *Una tomba egiziana inedita della VIᵃ dynastia*, p. 8 du tirage à part. La tombe dont il vient d'être question a été découverte en 1892, par M. Ernest Schiaparelli, qui a publié les textes et les a traduits dans un petit tirage à part de l'Académie des *Lyncei* : *Una tomba egiziana della VIᵃ dynastia*. Il a eu le mérite d'établir fermement le sens des inscriptions qu'il a découvertes et la position géographique des lieux dont elles parlent : les dénégations qu'on lui a données n'ont d'autre valeur que d'être des dénégations.

(2) Maspero, dans le *Recueil de monuments*, année 1893, pl. XIV, p. 186-193.

la curiosité d'Osiris; il est non moins évident que le souvenir des Dingas était lié avec la légende d'Osiris, par un lien qui nous est encore
inconnu, que Pepi le sait et qu'il envoie porter cette nouvelle au Dieu
qui doit le juger comme propre à le bien disposer en sa faveur. Et voici
que parmi les tombes qui entourent le tombeau d'Osiris, je trouve
deux squelettes de ces nains! le fait est significatif. J'ignore quels
étaient les talents de ces nains et quelles ont été les raisons qui leur
ont fait attribuer une tombe auprès de celle d'Osiris : mais j'ai un
fait à signaler et à faire valoir : je l'ai fait, on en tirera les conclusions que l'on voudra.

La présence des étoffes n'est pas moins importante à signaler dans
les tombeaux situées au sud de la tombe centrale; j'en dois parler avec
quelques détails. J'avais bien trouvé à l'est, au nord et à l'ouest de la
grande colline, comme aussi dans les autres tombes de la nécropole
d'Om el-Ga'ab, quelques fragments d'étoffes et même d'étoffes assez primitives, mais jamais je n'y avais vu autre chose que des pièces curieuses, intéressantes sans doute, mais dont rien ne m'indiquait
l'époque à laquelle on pouvait les attribuer. La présence de la laine
dans ces tombeaux me parut autrement importante à signaler. Lorsque
je fouillai les onze tombeaux qui forment la seconde rangée des tombes
situées au sud de la tombe centrale d'Osiris, je me trouvai en présence,
non pas de fragments, mais de grandes et nombreuses pièces d'étoffes
réunies en paquets considérables surtout dans les deux tombeaux ayant
pour numéros d'ordre 95 et 98; le tombeau du nain en contenait aussi,
mais en moins grande quantité. Malheureusement toutes ces tombes
avaient été incendiées et les étoffes avaient souffert de l'incendie [1].

(1) Si cet incendie avait été volontaire au moment de l'enterrement, c'est-à-dire si
l'on avait mis le feu à tous les objets qui se trouvaient dans les tombeaux afin de les faire
passer dans l'autre monde, comme l'ont dit M. de Morgan et M. Wiedemann (*op. cit.*,
p. 152 et 218) on ne s'expliquerait pas pourquoi les tombeaux ont été recouverts d'une toiture et comment le feu a si mal fait son œuvre, puisque les squelettes étaient intacts au
moment de la spoliation, que la plupart des fragments ne portent pas trace d'incendie et
que certains objets aient échappé. Au contraire, si l'on admet que les Coptes sont les
auteurs de l'incendie, tous ces détails sont faciles à expliquer.

Malgré tout, j'ai rencontré des étoffes de diverses qualités les unes très fines, longues d'environ 0^m,60, car le sable jeté par les spoliateurs avait éteint trop rapidement le feu, les autres grossières, d'autres encore d'une grosseur intermédiaire, et je les ai rencontrées en gros paquets comme si l'on eût amoncelé cent exemplaires de la même étoffe au-dessus les uns des autres. Par conséquent, quand l'auteur du traité *De Iside et Osiride* nous dit qu'Isis déchira ses vêtements ou les consacra à Osiris, il pouvait le dire, car l'étoffe existait réellement, puisque je l'ai trouvée ; que ce soit Isis qui ait inventé le tissage des fils, comme le veut la légende, ou que ce soit une autre, le fait est que l'étoffe existait et que j'en ai rencontré d'énormes paquets dans les tombeaux sud adjacents à la tombe d'Osiris. Comme il y en avait plus que de raison pour envelopper un squelette, même momifié, il faut croire qu'on l'avait déposée par vénération pour le défunt, ou pour Osiris, à moins que ce ne soit pour les besoins d'outre-tombe. Et il n'y a pas à dire qu'on la déposa par la suite, car ce qu'il me reste à faire connaître montre péremptoirement que l'étoffe était contemporaine de l'enterrement.

En effet, j'ai rencontré dans ces étoffes des ossements agglutinés avec elle au moyen d'une substance noirâtre que j'ai tout lieu de croire être du natron, et qui d'ailleurs sera soumise à l'analyse chimique la plus minutieuse. Ces ossements avaient été noircis par cette substance, de même que l'étoffe et les os adhéraient aux lambeaux d'étoffes d'une façon très forte. J'ai trouvé spécialement une rotule et l'os qui termine le fémur ainsi enveloppés ; même dans le tombeau n° 101 une moitié de mâchoire, et dans le n° 98 le crâne était ainsi enveloppé, et quand on le plaçait au soleil on y voyait fort distinctement les couleurs de l'aniline produites par la saturation du natron.

Ces divers faits me semblent indiquer qu'à l'époque à laquelle on se servit de ces tombes, on commençait déjà à employer le natron, ou une autre substance pour la conservation artificielle des corps, c'est-à-dire pour la momification. Que ce soient là seulement les commencements, c'est ce que prouve cette autre constatation, à savoir que ces étoffes étaient mélangées quelquefois avec de la laine, tandis que dans les tombes du nord je n'avais trouvé que de la laine sans étoffe et sans natron. Or, il est question dans les textes égyptiens d'un mode d'enterrement que l'on oppose à la momification et que l'on nomme l'ensevelissement de Horus en l'opposant à l'ensevelissement d'Anubis, ce dernier présidant aux divers modes de momification. Si l'on en croit l'auteur du traité *De Iside et Osiride*, Anubis était, comme Horus, fils d'Osiris, mais par une autre mère, car Osiris était entré par mégarde, à la veille de partir pour la conquête du monde, dans la chambre de Nephthys et l'avait rendue mère en croyant que c'était Isis, d'où la haine que son frère Set, époux de Nephthys, lui avait vouée et qui eut la mort pour issue[1]. Ce renseignement, quoiqu'un peu sujet à caution, trouverait ici sa confirmation : Horus ne pratiquait certainement pas la momification, puisque lui-même et Set furent enterrés dans la position dite contractée et qu'il n'eut pas à employer un autre mode d'enterrement pour son père dont le cadavre avait été déchiré en quatorze morceaux. J'ai rencontré en effet les deux squelettes de Set et de Horus, l'un très incomplet, l'autre au contraire presque complet, et celui-ci était dans la position qu'on appelle contractée, c'est-à-dire couché sur le côté, les bras en avant et les genoux à la hauteur de la poitrine. Je l'ai vu de mes propres yeux et je l'atteste comme je l'ai vu. Par conséquent, s'il est un mode d'enterrement spécial à Horus, comme le disent les textes égyptiens, si ce mode était opposé à la momification qui est attribuée à Anubis, ce ne peut être la momification, mais bien l'enterrement dans la position contractée. De toute manière, comme les deux modes d'enterrement ont été employés conjointement dans les tombes situées près de celle d'Osiris, il est évident que la ligne de démarcation n'est pas encore bien établie, que la civilisation égyptienne est à une époque de transition, époque voisine de celle d'Osiris, puisque l'inventeur de la momification, d'après les renseignements indigènes, est ce même Anubis né d'Osiris et de Nephthys, par suite d'une erreur nocturne. Donc

(1) *De Iside et Osiride*, éd. Parthey, n° 14, p. 24, l. 7 et seqq. Voici les paroles de l'auteur : αἰσθομένην δὲ τῇ ἀδέλφῇ ἐρῶντα συγγεγονέναι δι' ἄγνοιαν ὡς ἑαυτῇ τὸν Ὄσιριν..... Ἄνουβιν προσαγορευθέντα, καὶ λεγόμενον τοὺς θεοὺς φρουρεῖν ὥσπερ οἱ κύνες τοὺς ἀνθρώπους.

de ce côté aussi complet accord des renseignements fournis par les
auteurs égyptiens ou gréco-égyptiens et les trouvailles faites sur les
lieux pendant les travaux que j'ai eu l'honneur de diriger.

Pour me résumer, je constate que, soit pour les renseignements gé-
néraux, soit pour les renseignements particuliers qui nous sont fournis
par les tombes de la nécropole d'Om el-Ga'ab et plus spécialement par
les tombeaux situés dans le quadrilatère environnant la tombe d'Osiris,
il n'en est pas un seul qui ne témoigne en faveur de l'attribution à Osiris de la tombe centrale située sous la grande colline. Sans doute, prises
une à une les diverses constatations que j'ai pu faire au cours de mes
fouilles et dont je viens de traiter ne sont pas capables de prouver que
c'était bien le tombeau d'Osiris; mais réunies en un seul faisceau, elles
s'imposent à l'attention du lecteur qui réfléchit et qui raisonne. Il serait
bien étonnant, si le tombeau central n'était pas celui d'Osiris, qu'il n'y
eût nulle discordance entre les divers faits que je viens de faire passer
sous les yeux du lecteur, qu'en particulier tous les renseignements de
la légende gréco-égyptienne eussent été ainsi confirmés par mes trouvailles de l'hiver dernier, non que j'attache une trop grande importance à ces renseignements, mais je suis toujours heureux de trouver
un auteur bien informé pour les faits qu'il cite, sinon pour les conclusions qu'il en tire. Quand même on prouverait que l'un des faits que
j'ai énumérés au cours de ce chapitre serait controuvé, il resterait à
faire la preuve que les autres le sont aussi, et c'est ce qu'on ne fera :
funis triplex difficile rumpitur, et mes raisons sont plus que triples,
elles sont au moins décuples, et je peux attendre en toute sécurité.

CHAPITRE IV

LE TOMBEAU D'OSIRIS : LA SPOLIATION

Les travaux de déblaiement nécessités par l'exploration du grand tombeau central commencèrent le 25 décembre 1897. Ils commencèrent par le côté est, se poursuivirent par le côté nord, pendant que le côté ouest et sud ne furent déblayés qu'en dernier lieu. Ce tombeau était isolé complètement de toutes les tombes qui l'entouraient, mais à une distance inégale selon les côtés. Pendant qu'il n'était séparé du côté est que par un espace vide de $5^m,10$, du côté nord $3^m,98$ à l'extrémité nord-est et $4^m,15$ à l'extrémité nord-ouest, du côté ouest cet espace était de $6^m,40$ et au sud de 6 mètres environ. Tous ces chiffres ne sont qu'approximatifs, car il aurait fallu mesurer la distance à chaque point, puisque les petits tombeaux du quadrilatère n'avaient pas reçu une orientation précise, tandis que le tombeau central était orienté presque régulièrement, c'est-à-dire construit à angles droits. J'eus beaucoup de peine à trouver les murs de ce tombeau par suite de ce fait que les spoliateurs pour prévenir les chutes de sable qui les auraient gênés dans leurs travaux avaient construit un mur en briques, en pierres ou en poteries brisées d'environ un mètre de hauteur sur les côtés est, ouest et sud. Le mur bâti sur le côté sud avait ceci de particulier qu'il était presque entièrement construit de pierres provenant d'un fort grand monument en albâtre très dur, qu'on avait eu beaucoup de peine à briser et qui devait se trouver sans doute dans l'intérieur de la grande cour du tombeau. Bien que j'aie soigneusement fait recueillir les fragments portant des traces d'ornementation, je n'ai pu parvenir à le reconstituer, pas même à voir d'une manière

certaine quelle en était la forme ; tout ce que je puis en dire, c'est qu'on
y voyait un épervier gravé sur un fragment et que d'autres morceaux
portaient une bordure géométrique ressemblant de très près aux dessins
primitifs que j'ai rencontrés sur des plaquettes oblongues d'ivoire. Ce
monument devait être magnifique et il est très regrettable qu'on n'ait pu
le reconstituer sinon complètement, tout au moins en partie : il devait
être de grandes proportions, si l'on en juge par le nombre de fragments que j'ai pu lui attribuer d'une manière certaine.

Ce bris des monuments n'est pas la seule dévastation dont j'ai eu à
gémir ; cinq ou six jours auparavant, vers le 20 décembre, j'aperçus dans
les décombres qu'on enlevait, tout à fait au bas, les commencements
d'un lit de cendres qui alla s'élargissant jusqu'au tombeau principal :
comme je n'avais pas trouvé la plus petite trace d'incendie dans les
tombeaux que j'avais fouillés à l'est et au nord, j'avais caressé l'espoir
que le grand tombeau n'aurait pas été incendié; la constatation que je
fus obligé de faire me convainquit aussitôt que les spoliateurs n'avaient
pas épargné l'incendie au grand tombeau. Du coup je dus dire adieu à
toute espérance de trouver des objets intéressants dans ce tombeau et
de fait je n'ai presque rien rencontré dans une tombe qui devait être et
qui était la plus riche de toute la nécropole, sans excepter même le tombeau de Set et de Horus. J'eus beau faire passer au crible toute la
couche de cendres, on ne trouva que des fragments d'objets, la plupart
du temps noircis par la fumée ou détériorés par la violence de l'incendie. Mais là ne devaient pas s'arrêter mes tribulations : quand on des-
cendit dans l'intérieur du tombeau, on retrouva la même couche de
cendres qui descendait aussi, mais là je constatai que les spoliateurs ne
s'étaient pas bornés à incendier l'intérieur du tombeau et qu'ils ne
s'étaient pas contentés d'allumer des incendies partiels dans presque
toutes les chambres de la tombe, mais qu'ils avaient encore passé au
crible les cendres produites par l'incendie. Je pus d'autant mieux faire
cette constatation que je faisais moi-même faire à mes ouvriers exactement la même chose. Comme je ne pouvais en effet espérer de trouver
des choses intactes après le violent incendie dont j'avais les preuves

devant moi ; comme les moindres fragments d'objets trouvés pouvaient
être d'un immense intérêt pour la science et l'histoire de la civilisation
égyptienne, sinon de la civilisation humaine, je faisais ramasser par
mes ouvriers les moindres fragments, afin que pas un seul ne m'échap-
pât, et en particulier, dans les couches de cendres qui s'offraient à moi,
au milieu des travaux nécessités par le déblaiement complet du tombeau, je fis passer toutes ces cendres au *corbâl*, c'est-à-dire au crible.
Les ouvriers devant cribler les cendres s'accroupissaient, la figure
tournée vers le sud-ouest, puisque le déblaiement s'opérait d'est en
ouest; on remplissait leurs cribles et, après avoir secoué le crible pour
faire tomber les cendres, ils examinaient le contenu de leur instrument
et d'un mouvement du bras droit ils rejetaient ce contenu sur leur
gauche, pendant que la cendre restait devant eux. De sorte que, si des
fouilles avaient encore lieu en cet endroit, l'on trouverait d'abord un
lit de résidus de toutes sortes d'un côté, puis un lit de cendres plus à
l'ouest. Or, c'est ce que je trouvais en fouillant le tombeau d'Osiris,
d'abord un lit de résidus très petits, des restes de bois brûlés, de métal,
de pierres ou de poteries, puis un second lit de cendres, les deux très
apparents et ne donnant lieu à aucune méprise, à aucun doute. C'est
pourquoi je suis autorisé à conclure que les spoliateurs du vi^e siècle
avaient fait de même.[1] Pourquoi avaient-ils agi de cette façon et quand
avaient-ils choisi cette manière d'agir ? C'est ce que je dirai plus loin.

Quels étaient maintenant ces spoliateurs ? Je le dis tout de suite : il
n'y a aucun doute pour moi, ce sont les Coptes seuls qui doivent être
rendus responsables de ces actes de vandalisme. Je l'ai dit dès la première brochure que j'ai publiée après ma première campagne de
fouilles : j'avais cru la chose généralement acceptée par les savants qui
se sont occupés de cette question et je n'avais donné d'autres preuves
de mon opinion que la trouvaille de noms et de dessins coptes au
cours des fouilles. Depuis, M. de Morgan, l'ex-directeur des Fouilles

---

(1) Le lecteur trouvera plus loin la démonstration que cette spoliation remonte bien à
l'époque ici indiquée.

et des musées en Égypte, en publiant le second volume de ses *Re-cherches sur les origines de l'Égypte* a cru devoir révoquer en doute ce qu'il avait admis dans son premier volume [1], et je me vois forcé de donner ici les preuves, ou ce que je crois les preuves de mon sentiment. Si M. de Morgan a cru devoir abandonner mon opinion, c'est que, pendant l'année qui s'est écoulée après la publication de ma première brochure, il a cru pouvoir rapporter à la Chaldée l'origine de la civilisation découverte d'abord par M. Fl. Petrie à Neggadeh [2], puis par moi-même dans la nécropole d'Om el-Ga'ab à Abydos, enfin par lui aussi à Neggadeh. Voici d'ailleurs ses propres paroles : « Dans la nécropole d'Abydos, M. Amélineau avait déjà rencontré des sépultures très anciennes dévastées par le feu et il attribuait les incendies aux spoliateurs coptes qui, au début du christianisme [3], poussés par le fanatisme, dévastèrent les monuments païens. Cette opinion, je la partageais alors avec M. Amélineau, m'en rapportant à ses observations, et je crus que le monument de Négadah avait été détruit dans les mêmes conditions que ceux d'Om el-Ga'ab. Dès que les fouilles furent commencées, je revins de suite sur cette manière de voir, car longtemps après la destruction du monument cette butte avait été employée comme nécropole et, à la surface, au milieu des débris calcinés, j'ai rencontré un grand nombre de sépultures remontant à l'époque romaine, grecque, et aussi jusqu'à celle des Ramessides... Je devais donc écarter d'une manière complète l'opinion dans laquelle je me trouvais au début et qui attribuait aux premiers chrétiens la destruction de tous ces monuments [4]. » Et plus

(1) J. de Morgan, *Recherches sur l'Égypte préhistorique. L'âge de la pierre et des métaux*, p. 77-84.

(2) Fl. Petrie, *Ballas and Naqâda*. M. Petrie avait fouillé au nord de Neggadeh, dans un site qu'on appelle Toukh.

(3) Je n'ai jamais soutenu que les spoliateurs appartinssent au *début du christianisme* ; je crois qu'ils vivaient au vıe siècle et, comme le christianisme était récent en Égypte au ıve siècle, il faudrait être quelque peu naïf pour faire durer son début pendant deux siècles. M. de Morgan aurait dû écrire *à l'époque de la force du christianisme triomphant en Égypte*.

(4) De Morgan, *Recherches sur les origines de l'Égypte. Ethnographie préhistorique et tombeau royal de Négadah*, p. 149. Je n'ai jamais dit que *tous* les monuments eussent

loin encore : « Le fait de la destruction des objets ayant servi pendant
la vie, fait que j'ai reconnu à Négadah d'une façon indiscustable et
qui ressort également des trouvailles d'Abydos, est aussi fort important en ce qui touche les différences d'usage entre les indigènes de
l'Égypte et les premiers Égyptiens. Les tombes néolithiques, en effet,
ne renferment que des objets entiers, aucun ustensile n'ayant été brisé
lors de la mise du corps au tombeau. Les indigènes croyaient donc à la
vie future, mais ils la comprenaient autrement que leurs conquérants.
L'incendie du tombeau de Négadah et de ceux d'Abydos a, par le fait,
rendu inutiles, les offrandes que renfermaient les sépultures. Devons-
nous y voir le désir de détruire en entier tous les biens du mort, ou la
pensée plus élevée de rendre immatérielles pour la vie future les richesses de ce monde en même temps que le corps? Je ne saurais me
prononcer, laissant aux spécialistes le soin de tirer parti de mes observations. En tout cas, nous devons nous souvenir que cette coutume ne
fut pas spéciale aux premiers Égyptiens et qu'après leur mort, les rois
d'Assyrie se faisaient, eux aussi, brûler dans leur palais avec toutes
leurs richesses [1]. »

Je ne ferai pas comme M. de Morgan : n'ayant jamais vu le tombeau
découvert par lui à Neggadeh, je ne dirai pas qu'il a été incendié par
les Coptes, parce que je n'en sais absolument rien et que jusqu'à présent
il faut m'en tenir aux observations que M. de Morgan a cru pouvoir
faire ; mais, comme j'ai vu de mes yeux les tombeaux d'Om el-Ga'ab,
que je les ai fouillés, que je les ai étudiés sérieusement, que tout
m'est passé par les mains et que je ne saurais m'en rapporter à des
collaborateurs plus ou moins capables, je vais donner les raisons qui
démontrent mon opinion et, je le répète, cette opinion ne porte que sur
les tombes découvertes en Abydos, dans la nécropole d'Om el-Ga'ab.

Tout d'abord, je dois dire que cette spoliation est connue historique-

été détruits par les chrétiens, je n'ai parlé que des tombes d'Om el-Ga'ab, et la chose est
vraie.

(1) De Morgan, *ibid.*, p. 152.

ment par les œuvres des Coptes eux-mêmes qui, croyant avoir fait une œuvre louable, s'en sont vantés. En effet, j'ai publié dans les *Mémoires* de la Mission permanente du Caire, une série de fragments de *Vies* de moines ; parmi ces fragments s'en trouvent plusieurs ayant trait à un moine, qui eut son heure de célébrité et qui s'appelait Moyse. Ce moine natif de Balianâ, était venu se fixer à Abydos, avait construit un monastère qui existe encore, au nord-est de la forteresse égyptienne très antique, laquelle est connue actuellement sous le nom de *Schounet ez-Zebib*, c'est-à-dire *magasin aux raisins secs*. Ce moine donna comme but à sa vie de détruire les vestiges des anciennes coutumes de l'Égypte en Abydos et, pour arriver à ce but, de détruire et de profaner les monuments qui étaient l'occasion de ces mœurs païennes, comme il le croyait. C'est ainsi qu'il détruisit le temple de Séti I ᵉ autant que la masse du monument permit de le détruire [1]. D'après les faits racontés, il fallut un véritable combat pour arriver à le faire, et les preuves les plus indéniables montrent encore qu'on n'épargna pas le feu : il y eut en effet, du côté des prêtres égyptiens, mort de vingt-trois prêtres et de sept hiérodules [2]. Ce qui a trait à Om el-Ga'ab est malheureusement fruste, mais le principal a échappé aux ruines du temps ; l'un des fragments que j'ai publiés dit en effet : « Car ce petit enfant que tu vois sera aussi le père d'une multitude de moines et aussi une foule d'hommes seront sauvés par son enseignement. Maintenant donc ne le change pas de ce lieu (de résidence), car le Seigneur purifiera cette montagne impure par son entremise »... « Mais enfin Moyse, avec les frères, alla d'abord à la montagne », et l'on voit que l'action de destruction ne se fit pas sans difficultés, d'après ce texte [3].

Ces paroles sont assez significatives. Malgré cela, j'avais, en arrivant

---

(1) E. Amélineau, *Monuments pour servir à l'histoire de l'Égypte chrétienne aux* ivᵉ, vᵉ *et* viᵉ *siècles*, t. IV. 2ᵉ fasc., p. 686-687, dans les *Mémoires publiés par les membres de la Mission archéologique française du Caire.*

(2) *Ibid.*, p. 687.

(3) *Ibid.*, p. 684-685.

à Abydos, l'idée bien arrêtée de rechercher si je ne rencontrerais pas sur les lieux soit une traduction complète en arabe de la *Vie* de ce Moyse, soit un abrégé de cet ouvrage dans ce qu'on appelle le *Synaxare*, car je savais que, comme il existe chez nous, chaque église a son *propre* des saints ; je liai donc amitié avec le *gommos*, c'est-à-dire l'hégoumène du couvent actuel de Moyse, et, quand je fus avec lui dans les meilleurs termes, je lui parlai de Moyse, lui racontai ce que je savais de l'histoire de ce moine et lui demandai s'il n'avait pas sa *Vie* écrite en arabe. Il me répondit négativement. Je lui demandai alors s'il n'en existait pas un abrégé dans le *Synaxare* de son église. Sa réponse fut affirmative et, sur-le-champ, il me conduisit à l'église et me fit voir le *Synaxare*. Je lui demandai de me faire copier le passage relatif à Moyse : deux jours après, j'avais en mains ce que je désirais. Malheureusement l'abréviateur s'était contenté, presque pour toute la vie de Moyse et notamment pour la circonstance particulière qui m'occupe, d'exclamations pieuses dans le genre de celle-ci : « Oh ! que ce saint a fait de grandes choses ! » Comme je ne veux rien laisser au doute, voici ce que le *Synaxare* du couvent de Moyse contient au 19e jour du mois d'Abib : « Et tu fus persévérant à tuer les Satans dans la montagne sainte qui est la montagne d'Efôd, ou la montagne de Haroub, qui fut rendue digne que tu habitasses en elle »[1]. Et c'est tout. A la vérité c'est peu, mais cela suffit cependant pour montrer au plus aveugle que la plupart des faits racontés dans la *Vie* de Moyse se passaient dans cette montagne d'Efôd, ou d'Abydos selon les Grecs, ou de Harabât[2] selon l'appellation moderne. Or, pour qui connaît les habitudes des écrivains coptes, il ressort clairement de ce texte que la nécropole d'Abydos était spécialement visée, car le temple construit par Séti Ier n'était pas compris, à cause des habitations qui l'entouraient, dans la nécropole ou ville des morts. Je sais bien que la *Vie* copte ra-

---

(1) *Synaxare* du couvent de Moyse, 19 Abîb. Voici le texte :

وضربك على قتال الشياطين طوبا للجبل (sic) المقدس الذى هو جبل افود اى جبل الهروب الذى استحقيق ان تكون ساكنا فيه.

(2) Je considère ce nom comme l'origine du nom actuel de Harabât, quoiqu'on l'écrive ordinairement عرابات.

conte d'autres destructions, en particulier celle d'un temple de Bès [1],
situé au nord du couvent de Moyse ; mais la seule mention de ce temple
montre aussi qu'il ne faut pas le comprendre dans la nécropole d'Abydos.
Cette nécropole était d'ailleurs assez vaste pour suffire au zèle fanatique des disciples de Moyse, puisqu'elle avait deux lieues de longueur
au moins sur trois kilomètres environ de largeur. Mais la spolation ne
fut pas complète, elle fut localisée strictement à certains endroits spé-
ciaux, ou peut-être même à la seule nécropole antique d'Om el-Ga'ab.
En effet, les fouilles de Mariette, pendant dix-neuf ans consécutifs, ont
porté sur la partie de la nécropole la plus rapprochée du couvent de
Moyse, et il a trouvé des tombeaux, violés à la vérité, même spoliés en
partie, mais nullement détruits, surtout non incendiés, où la rage des
spoliateurs n'avait pas tout brisé. C'est ainsi qu'au nord-est du couvent
de Moyse il rencontra les tombes si curieuses du Moyen Empire, où le
mastaba était surmonté d'une pyramide avec de véritables ogives [2],
tombes encore debout à cette époque et dont il ne reste pas un seul
exemplaire de visible [3]. C'est ainsi encore qu'à l'ouest de son couvent,
entre ce couvent et la Schounet ez-Zebîb était la nécropole des *Chanteuses
d'Amon*, nécropole qui a fourni un si grand nombre de stèles au fondateur du Musée de Boulaq [4]. De même dans la nécropole du centre, et
aussi dans la nécropole du sud. J'ai fouillé moi-même environ une cen-
taine de tombes près de ce couvent, un peu au sud-est, et dans d'autres
parties de la nécropole : partout j'ai rencontré des tombes où les voleurs
étaient passés, mais où jamais on n'avait employé le feu comme agent
destructeur [5]. Par conséquent je suis en droit de conclure que le pillage
et la destruction de la nécropole entière d'Abydos n'eurent pas lieu, puis-

---

(1) E. Amélineau, *Monuments pour servir à l'histoire de l'Égypte chrétienne aux* ivᵉ, vᵉ
et viᵉ *siècles*, dans les *Mémoires de la Mission du Caire*, p. 689.

(2) E. Amélineau, *Histoire générale de la sépulture et des funérailles dans l'Égypte
ancienne*, t. I, p. 196-200.

(3) Mariette, *Abydos, description des fouilles*, t. II, pl. 66 et 67.

(4) Mariette, *Catalogue général des monuments d'Abydos*.

(5) E. Amélineau, *Les nouvelles fouilles d'Abydos*, compte rendu *in extenso* des opérations nécessitées par ces fouilles pendant l'hiver 1895-1896, p. 1-34.

qu'on a retrouvé un grand nombre de tombes où ne s'étaient produits
que des vols de peu d'importance, si on les met en regard de la spoliation des tombeaux d'Om el-Ga'ab.

Maintenant la nécropole d'Om el-Ga'ab a-t-elle bien été pillée, ra-
vagée, incendiée par des chrétiens? Le fait est indéniable. Dès la première année j'avais rencontré des fragments de vases en pierre, ou
des tessons de poteries, couverts de lettres coptes ; sur l'un de ces fragments j'avais même pu lire écrit au charbon — charbon provenant de
l'incendie — le nom propre : ⲓⲱⲁⲛⲛⲏⲥ, c'est-à-dire Jean. Ce nom
pouvait appartenir à un Juif hellénisé ou à un chrétien. Des Juifs hel-
lénisés il ne peut être ici question, car que seraient-ils allés faire dans
la nécropole d'Om el-Ga'ab? à moins qu'ils n'aient tenu compagnie à
des chrétiens, et cette hypothèse semblera de tout point inadmissible à
quiconque sait la haine que les Coptes, surtout les moines, portaient aux
Juifs[1]. Il faut donc de toute nécessité que ce nom ait été porté par un
chrétien. La seconde année de fouilles m'a aussi fourni un fragment de
vase ayant une inscription copte. Mais c'est surtout pendant la troisième campagne que j'ai rencontré de nombreux fragments qui attestent
d'une manière irréfragable que la spoliation et la destruction ont été le
fait des Coptes. Tout d'abord j'ai trouvé écrit sur un tesson de poterie le
mot ⲟⲙⲟⲩⲥⲓⲟⲥ (*sic*), *consubstantiel*. Quiconque est tant soit peu au courant
de l'histoire ecclésiastique des cinq premiers siècles de notre ère sait
quel fut le rôle de ce mot pendant les longues controverses suscitées
par l'arianisme. L'Église d'Alexandrie, représentée par le patriarche
Athanase, l'un des plus fidèles champions de la consubstantialité, fut toujours très attachée à ce mot qui n'aurait aucun sens dans la bouche de qui
ne serait pas chrétien. Les moines de Moyse l'employaient au VIe siècle
encore couramment et l'un d'eux se sera exercé à l'écrire sur un tesson
de pot avec un charbon pris à l'incendie allumé par le fanatisme, et il
aura eu la pieuse consolation de penser que le bois jadis fourni au

<hr>

paganisme, purifié par le feu, aura servi à écrire sur un fragment sanctifié par cet usage le mot grec exprimant la consubstantialité du Verbe
avec son Père. De plus j'ai rencontré sur des vases brisés et sur d'autres
tessons de poteries des lettres coptes écrites au hasard ou des dessins
comme ceux que traçaient les enlumineurs de manuscrits trois ou quatre
siècles plus tard : c'est ainsi que, sur le plus grand vase cylindrique
que j'aie trouvé, il y avait les deux lettres ⲭ† qui forment peut-être un
mot, et que sur des tessons de pots j'ai trouvé des représentations de
croix, d'oiseaux qui n'ont jamais existé ailleurs que dans l'imagination
naïve ou déréglée des dessinateurs coptes , sans qu'on puisse le
moins du monde prétendre qu'un dessinateur égyptien ait pu produire de semblables œuvres. En troisième lieu j'ai trouvé sur le bas
d'un vase cylindrique en albâtre, brisé naturellement, une tête dessinée au charbon, avec un front bas, des yeux gros et ronds, une bouche
assez grande et une longue barbe se divisant en deux pointes sur le
menton. Le vase a été trouvé dans la chambre *I* du tombeau d'Osiris,
tout au fond, et il n'y a aucun moyen de mettre la trouvaille en doute.
D'après la tradition reconnaissant que le Christ portait ainsi la barbe, je
n'ai pas hésité un seul moment à reconnaître dans ce dessin, comme en
feraient actuellement les enfants peu doués, la tête du Christ, et je ne
crois pas qu'on me suscite beaucoup d'objections à ce propoś. Jamais, en
effet, un artiste égyptien n'a dessiné un personnage quelconque appartenant à sa nation avec une semblable barbe, et aujourd'hui encore les
indigènes de l'Égypte se font raser toute la barbe, ou portent la mous-
tache, ou encore la barbe entière, mais jamais une barbe divisée en
deux pointes. Du temps présent il est légitime, je crois, de remonter
au passé et d'affirmer que le personnage dont il s'agit n'était pas
égyptien, qu'il devait être un personnage chrétien et qu'il faut le rechercher dans un pays où il était de mode de porter une barbe semblable-
ment divisée : de là, l'attribution au Christ de cette figure dessinée par
un Copte sur le lieu même et avec un charbon provenant de l'incendie.
Mais il y a encore mieux : j'ai eu la bonne fortune de rencontrer, tout
au bas de la colline des décombres surmontant le tombeau d'Osiris, un

fragment de poterie sur lequel sont écrits des noms, à savoir : Ⲡⲓⲙⲉⲧⲣⲟⲩ, Ⲡⲁⲩⲗⲟⲥ, Ϣⲉⲛⲟⲩⲧⲉ, Ⲃⲓⲕⲧⲱⲣ, Ⲙⲁⲣⲧⲩⲣⲓⲟⲥ, etc., c'est-à-dire : Démétrius (?), Paul, Schenoudi, Victor, Martyrius, etc. Il me semble que ces noms sont assez significatifs, que ce sont des noms purement chrétiens en Égypte, que par conséquent on ne saurait nier que des chrétiens aient passé par là et aient laissé des traces de leur passage. On pourrait même conclure plus encore, car ces noms chrétiens étaient portés de préférence par des moines comme ayant appartenu à des moines célèbres, considérés toujours comme les colonnes de l'édifice monacal en Égypte. Je peux donc, il me semble, conclure en toute sûreté de conscience que la spoliation et l'incendie sont l'œuvre des chrétiens qui se trouvaient en Abydos, et après avoir rapproché les faits que je viens de constater ici de la mention contenue dans la *Vie* de Moyse, rejeter toute la responsabilité de la spoliation sur ce moine pour lequel on la réclame d'ailleurs. Je ne fais ainsi qu'attribuer à Moyse un acte qu'on a déjà revendiqué pour lui, je ne puis me montrer plus royaliste que le roi, mais je dois ajouter que je ne peux aucunement trouver cette action louable et que je dois au contraire la stigmatiser d'une épithète absolument différente et l'appeler fanatique, sinon barbare.

Ce point établi, je dois dire que Moyse qui a tant et si mal agi à Abydos vivait au vi^e siècle. En effet, il est question dans sa *Vie* de personnages ayant joué un rôle considérable dans les événements qui suivirent la condamnation du patriache alexandrin Dioscore par le concile de Chalcédoine, notamment du patriarche Sévère d'Antioche [1]. Or, ce Sévère, parfaitement connu d'ailleurs, vivait au vi^e siècle et exerça une grande influence en Orient, de 513 à 527 ; je ne me peux donc tromper ni tromper mes lecteurs en écrivant que Moyse, contemporain de Sévère d'Antioche, vivait au vi^e siècle de notre ère. Je ne peux malheureusement donner une date plus précise, car les fragments de sa *Vie* n'en contiennent pas d'autre et peut-être la *Vie* tout entière n'en

---

(1) E. Amélineau, *Vies de quelques moines égyptiens*, dans les *Mémoires publiés par les membres de la Mission française permanente du Caire*, vol. IV, 2º fasc., p. 506.

contenait elle-même aucune autre, les auteurs coptes n'ayant aucun
souci de ce que nous regardons comme d'une importance capitale et
s'étant avant tout préoccupés de satisfaire leurs pensées et leurs goûts
sans s'occuper de ceux de la postérité.

Il ne saurait donc être douteux maintenant pour personne que la spoliation, l'incendie, autant que faire se pouvait, la destruction de la nécropole d'Om el-Ga'ab soient l'œuvre des Coptes. C'est tout ce que je
veux conclure, parce que c'est tout ce que j'ai voulu prouver. Je ne saurais aucunement m'occuper ici de monuments que je n'ai pas vus et que
je n'ai pu par conséquent étudier: je désirerais vivement que tout le
monde en fît autant. De même il serait à souhaiter que les auteurs
d'œuvres sérieuses ne laissassent pas de côté les preuves qui sont con-
traires à leurs théories : M. de Morgan savait en effet que j'avais trouvé,
dès la première année, des preuves indiquant dans quel sens on devait
chercher les spoliateurs; au lieu de chercher du côté qui l'aurait conduit pour Abydos à la vérité, il a préféré se débarrasser des preuves
qui le gênaient et tirer une théorie toute faite déjà dans son imagination.
Il s'est trompé pour Abydos et la nécropole d'Om el-Ga'ab : il se peut
qu'il soit dans le vrai pour la nécropole de Neggadeh et le tombeau qu'il
y a découvert, je n'examine pas ici cette question qui n'est pas dans mon
sujet et je conserve les doutes qui se sont fait jour en mon esprit, mais
certainement il est dans le faux pour Abydos et un peu de réflexion eût
suffi pour le lui démontrer.

A quel motif ont maintenant obéi les Coptes en spoliant, en incen-
diant et en détruisant autant qu'il leur a été possible la nécropole d'Om
el-Ga'ab et particulièrement le tombeau d'Osiris? Il n'est pas bien difficile de le deviner. Tout d'abord Moyse voulait enlever tout prétexte
aux coutumes survivant encore en Abydos et qu'il considérait comme
idolâtriques. Or, la plus ancienne de ces coutumes, et par conséquent la
plus invétérée au cœur des habitants d'Abydos, était celle qui consistait
à rendre un culte solennel à Osiris et aux premiers rois qui lui avaient
succédé. Si le dieu Anhour était le dieu du nome Thinite dans lequel se
trouvait situé Abydos, Osiris était le *maître* de cette localité, *Osiris sei-*

gneur, maître d'Abydos, comme le répètent des milliers de fois les textes égyptiens, car il n'y a guère de stèles funéraires où Osiris ne soit pas qualifié de cette sorte. Si donc il fallait détruire le culte païen que rendaient encore à leurs divinités les habitants de la ville d'Abydos, c'était à Osiris qu'il fallait tout d'abord s'attaquer, afin de supprimer les effets en supprimant la cause. Il était avant tout nécessaire de détruire les temples d'Osiris et le tombeau de cet homme élevé à la dignité de dieu par la mémoire reconnaissante de la postérité.

Il existait à Abydos un temple en l'honneur d'Osiris, considérable, le plus grand même des édifices religieux qui couvraient le sol de cette ville : il n'en existe plus aujourd'hui que le pavé et l'aire ouest, car toute la partie est actuellement est couverte par les palmiers et les habitations des fellahs. L'édifice s'élevait dans la partie de la ville appelée aujourd'hui *Kom es-Soultân,* c'est-à-dire *Colline du Sultan,* du seigneur, du maître d'Abydos. Il était, autant qu'on peut le savoir de nos jours, bâti en belle pierre calcaire. Cette circonstance a été cause, dit-on, de la complète destruction de l'édifice. Cela peut être ; mais d'où vient que les habitations des prêtres construites en briques ont été aussi presque complètement ruinées, presque détruites, que le mur d'enceinte lui-même, malgré ses proportions gigantesques, ait subi des atteintes incroyables du fait des dévastateurs ? D'où vient que le site de ce temple a été respecté, je veux dire les salles hypostyles et le sanctuaire, qu'on n'y a pas érigé d'habitations, que les salles hypètres elles-mêmes ont été recouvertes de couches énormes de débris sur lesquelles les fellahs ont bâti leurs minces habitations ? Ne serait-il pas beaucoup plus croyable que la ruine avait aussi passé par là au temps des luttes entre les sectateurs de l'ancienne religion égyptienne et ceux de la nouvelle religion qui cherchait à s'implanter en Égypte ? qu'on avait ruiné le temple, incendié, brûlé tout ce qui pouvait être brûlé, ne laissant debout que les murs de l'enceinte énorme qui l'entourait ? que le respect de la population avait survécu à la dévastation, à la ruine due à l'incendie du temple, respect plein de superstition, l'*horror religiosus* des anciens Romains ? qu'on abandonna le site où se trouvaient le sanctuaire et les

salles couvertes du temple afin de ne se pas trouver en contact avec le
dieu anciennement vénéré, si brutalement et si nouvellement déposs-
sédé? Ce ne devait être qu'au jour où les ouvriers de Mariette fouillèrent
la butte nommée *Kom es-Soultan* qu'on déblaya les débris qui obs-
truaient cet emplacement autrefois sanctifié aux yeux des Égyptiens par
le culte d'Osiris, de celui que si longtemps on avait appelé le *maître
d'Abydos*. Malgré l'attentat dont ce temple fut la victime, malgré la ter-
reur que faisaient éprouver ceux qui s'étaient emparés des temples et
de la nécropole d'Abydos et avaient dépossédé les anciens dieux, il y eut
cependant une partie du temple qui échappa à la profanation et à l'incendie, parce qu'il n'offrait aucun point accessible à la colère haineuse
des moines fanatiques : c'est le lac sacré qui était au sud-est du temple
d'Osiris. Ce lac existe toujours : si les artisans d'Abydos en ont fait le
dépotoir de toutes les immondices que laissent leur métier, les âmes
simples et superstitieusement naïves y font toujours un pèlerinage à certaines heures du jour pour obtenir des enfants, en en faisant pieds nus
le tour et en jetant des céréales sur les bords. Peut-être y a-t-il là un
souvenir vague et inconscient de la vertu du dieu qui, d'après la légende
égyptienne[1], avait su, même mort, rendre Isis féconde. J'ai vu moi-
même le fait bien des fois et l'on m'en a dit la raison que je ne pouvais
deviner : ce n'est qu'en résidant longtemps dans un lieu quelconque
que l'on peut pénétrer les mœurs et les superstitions des habitants.
Quoi qu'il en soit et de quelque manière que ce soit, le but cherché par
les moines ne fut pas atteint. Si ce raisonnement paraît extraordinaire,
je prie le lecteur d'observer qu'il n'offre aucune impossibilité préalable
et que le temple était situé seulement à 300 mètres du couvent de
Moyse.

La conclusion de mon raisonnement paraîtra plus vraisemblable encore au lecteur, si je lui fais observer que les autres temples d'Abydos
ont été ruinés dans la manière que l'on sait, mais qu'aucun d'eux ne l'a
été avec une pareille barbarie. De tous les autres temples, en effet, sauf

---

(1) *Stèle de la Bibliothèque nationale*, publiée par Ledrain et traduite par Chabas.

celui de Bès situé au nord du couvent copte et qui fut ruiné par Moyse [1], il reste en effet des vestiges, quand ce n'est pas l'édifice presque entier. Ces temples n'ont rien à faire avec le sujet qui m'occupe, sinon celui de Séti Ier pour les raisons que je vais développer. Le plan de ce temple, on le sait pertinemment depuis le déblaiement qu'en fit Mariette, comportait sept travées, consacrées chacune à l'une des divinités que le roi Séti avait choisies comme faisant partie de sa famille et qu'il avait voulu spécialement honorer, à savoir, en commençant par l'extrémité droite du temple en y entrant : Horus, Isis, Osiris, Amon, Horemakhouti, Ptah et le roi lui-même devenu dieu. Ce temple, je l'ai déjà dit plus haut, fut l'objet des attaques de Moyse et l'une des colonnes faisant partie de l'édifice ajouté à la construction de Séti Ier par Méneptah Ier, son petit-fils, l'atteste clairement par une inscription copte qu'y ont tracée les moines [2]; on y mit le feu, on souilla toutes les images des grands dieux qui veillaient sur le temple, mais je puis dire ici, sans crainte d'être démenti, qu'aucune des salles voûtées qui servaient de sanctuaire en quelque sorte ne reçut un traitement aussi barbare que la chambre voûtée d'Osiris et ses annexes. Osiris occupait, en effet, dans ce temple une place d'honneur : non seulement son fils, sa femme et lui-même occupaient les trois septièmes du temple, mais encore derrière la chambre d'Osiris s'étendaient six autres chambres annexes dans lesquelles toute l'ornementation est prise de la légende d'Osiris et du culte primitif qui lui fut rendu. Mieux encore, les chambres dites de Sokaris sont des chambres qui appartiennent autant à Osiris qu'à Sokaris, car elles sont dédiées au dieu de double forme Sokar-Osiris et l'une d'elles a pour sujet d'ornementation l'épisode des funérailles d'Osiris et la fécondation posthume d'Isis par le fait d'Osiris, de sorte

---

(1) E. Amélineau. *Vies de divers moines*, dans le t. IV, fasc. 2 des *Mémoires publiés par les membres de la Mission française permanente du Caire*, p. 689.

(2) Je publierai cette inscription quand je publierai *in extenso* le temple de Séti Ier, que j'ai photographié en entier à travers bien des difficultés de toutes sortes dont je suis venu à bout, grâce au concours de l'un de mes amis venu passer l'hiver dernier à Abydos avec moi, M. A. Lemoine.

que l'on peut dire sans exagération que la moitié du temple de Séti Iᵉʳ avait été dédiée à Osiris et aux divinités de son cycle, ce qui n'existe au-cunement dans les autres temples d'Abydos. Or, l'image d'Osiris, ses attributs, ses barques, la châsse qui contenait sa tête, les scènes de sa mort, tout ce qui se rapportait à lui a été l'occasion et le motif de la plus violente et barbare destruction. Il est évident pour quiconque réfléchit à cette particularité qu'elle a été voulue, car on ne peut accuser les dé-prédations des habitants riches et modernes d'Abydos, puisque le temple était rempli d'habitations de fellahs que Mariette dut déloger avant d'effectuer les déblaiements nécessaires. Somme toute, il ne manque rien de ce que peut demander la raison la plus exigeante pour démontrer qu'on fit aux chambres d'Osiris un traitement de faveur dans la destruc-tion. Si l'on traita ces chambres de la sorte, il devait y avoir une raison : je la trouve dans le culte rendu à Osiris par la population abydénienne, culte éminemment populaire et que les chefs en Abydos de la nouvelle religion devaient chercher à déraciner au plus vite.

Mais rien n'aurait servi aux moines de Moyse de ruiner de fond en comble le temple du *Kom es-Soultan*, de souiller, d'incendier et de pro-faner les bas-reliefs admirables représentant Osiris avec les divinités de son cycle, s'il leur avait fallu laisser intact le tombeau où l'on avait enterré le chef de ce dieu. Ils le comprirent aussi avec une logique qui ne s'est en rien démentie, la logique des enfants. Afin de mieux empê-cher le concours du peuple qui menait à la nécropole d'Om el-Ga'ab les nombreux fidèles qu'avait su conserver le culte d'Osiris, ils durent se livrer à une suite d'opérations dont il me faut parler un peu longue-ment, parce qu'elles sont une preuve indéniable de l'importance pour la population d'Abydos, païens ou chrétiens, du tombeau d'Osiris. Le culte d'Osiris qui avait subsisté environ huit mille ans n'avait pu durer sans amonceler une quantité phénoménale de témoignages. Ces témoi-gnages consistaient le plus souvent en poteries de toutes les formes dans lesquelles on enfermait tout ce que l'on offrait au dieu, le plus souvent de l'eau, des céréales et du vin, mais aussi fort fréquemment tout ce que l'on croyait devoir faire plaisir au grand ancêtre que les

habiles des époques suivantes avaient dit être devenu le dieu qui jugeait
l'univers entier avec une justice immuable. J'ai trouvé des vestiges de
ce culte depuis Ménès, tout au moins jusqu'à l'époque des Ptolémées :
meubles, objets en métal, stèles, bijoux en toute matière, etc. Ces objets,
à travers la suite des siècles, avaient dû former des tas énormes et sans
doute ils avaient recouvert les tombeaux avoisinant celui d'Osiris. Les
poteries dominaient et j'ai pu en évaluer le nombre à une vingtaine de
millions. Le sable amené par le vent avait dû recouvrir en partie les
vases, envahir les interstices existant entre eux et former ainsi de véritables monticules analogues à ceux que j'ai trouvés et à ceux que j'ai
laissés moi-même sur l'emplacement des tombes. De là nécessité, pour
les spoliateurs qui en voulaient avant tout aux tombeaux anciens de la
nécropole, de transporter en un autre endroit les collines de témoignages
apportés à Om el-Ga'ab par la piété des habitants d'Abydos. C'est ce
qu'ils ont fait en réalité, suivant dans ces opérations le même système
que j'ai suivi dans les miennes. Comme les témoignages de piété qui se
trouvaient près du tombeau d'Osiris étaient des objets se rapportant à
un culte considéré avant tout comme idolâtrique, ils furent presque
tous brisés avec une impitoyable rage, et, si quelques-uns ont pu
échapper, cela provient peut-être de l'inexpérience, de la paresse ou de
l'inattention de certains spoliateurs. Pour en arriver à ce résultat il dut
falloir un temps considérable : en trois années de fouilles et en em-
ployant une moyenne de deux cent cinquante hommes environ, il n'a
pas fallu moins de treize mois pour venir à bout de la nécropole. Par
conséquent on ne peut attribuer à un moment d'effervescence populaire
une œuvre qui au contraire a exigé une série d'efforts continus pendant
une période de treize mois, si les spoliateurs étaient en nombre égal à
celui de mes ouvriers. Aussi n'est-il point étonnant que l'auteur de la *Vie
de Moyse* parle de véritables combats, d'embuscades qui furent livrés
ou préparées dans la montagne, en laissant soupçonner plus encore
qu'il n'en dit [1]. Le travail finit toutefois par s'achever tant bien que mal,
plutôt bien que mal, pour le malheur de la science.

(1) E. Amélineau, *Vies de quelques moines*, dans le 2ᵉ fasc. du t. IV des *Mémoires pu-

Ce n'était là qu'une première partie de l'œuvre néfaste et l'on n'y avait eu aucun besoin d'employer l'incendie pour en venir à bout. La nécessité de l'incendie pour venir à bout des immenses richesses contenues dans les tombeaux ne se fit jour aux yeux des spoliateurs qu'en atteignant la montagne proprement dite, dans laquelle on avait fait les excavations nécessaires pour y construire ensuite des tombeaux. Ces tombeaux, on peut le dire avec assurance, étaient intacts au moment de la spoliation, car j'y ai trouvé des preuves certaines que les spoliateurs eux-mêmes n'avaient qu'imparfaitement accompli leur œuvre de destruction, et de plus que tous ces tombeaux avaient encore leur couverture en bois ou en terre battue, puisque j'ai rencontré des morceaux de terre battue considérables tombés dans l'intérieur de ces tombes. On n'avait mis le feu que dans un certain nombre de ces tombeaux, nombre peu considérable si l'on ne regarde que le chiffre de ceux qui n'avaient pas été incendiés, mais naturellemént on avait réservé les hónneurs de l'incendie aux tombeaux les plus importants, par conséquent les plus riches et par conséquent encore les plus intéressants pour la science. J'avais déjà observé cette particularité dès la première année, et pendant l'hiver dernier je me suis convaincu que l'on avait suivi en toute la spoliation un plan bien arrêté. Il est presque inutile d'ajouter, que dans ce plan, le tombeau d'Osiris était désigné avant tous les autres aux horreurs de l'incendie, puisque c'était pour arriver à détruire le culte rendu à Osiris que toute cette destruction avait lieu. L'incendie qui fut allumé eut des proportions considérables, aussi grandes que celui qui dévora le tombeau de *Den* et qui put cuire les briques de murs épais de plus de 4 mètres[1]. Cet incendie fut multiple : d'abord on alluma un grand brasier dans la cour intérieure que bordaient sur trois côtés les chambres du tombeau d'O-siris, puis on en alluma d'autres dans chacune des quatorze chambres qui composent le tombeau. L'incendie de la cour intérieure fut complet et l'on n'a rencontré aucun objet provenant de cette cour qui devait ce-

bliés par les membres de la Mission archéologique permanente du Caire, p. 685-686.

(1) E. Amélineau, *Les nouvelles fouilles d'Abydos*, compte rendu *in extenso*, vol. I, 2ᵉ partie, p. 121.

pendant être remplie de tout ce que la piété des contemporains d'Osiris avait accumulé comme nécessaire ou simplement utile à ce grand
homme après sa mort, d'après les idées ayant alors cours. Les incendies
des chambres n'avaient pas complètement tout détruit, car on avait été
trop pressé de rejeter du sable pour combler les chambres et le sable
avait étouffé l'incendie. J'ai rencontré plusieurs chambres où des restes
de bois à moitié calciné proclamaient qu'il en avait été ainsi, et notamment la chambre *H*, la dernière située au nord près de l'escalier, avait
été presque complètement préservée, car le bois était amoncelé pour
préparer l'incendie et le feu allumé y avait été étouffé de suite, si bien
que j'ai trouvé ce bois presque intact. C'est surtout dans ces incendies
locaux que j'ai rencontré des fragments de meubles en bois carbonisé, il
est vrai, mais conservant encore leur forme et où l'on peut toujours voir
les ornements dont on les avait décorés. Ces multiples incendies dans
un seul tombeau présentaient l'avantage de rassurer les spoliateurs que
tout ce que contenait le tombeau, même les matériaux les plus ordinaires,
avait été purifié par le feu. Quand l'incendie eut accompli son œuvre,
on s'aperçut que l'opération ne serait pas aussi profitable qu'elle aurait
pu l'être, malgré qu'on eût fait préalablement main basse sur tous les
objets précieux que renfermait la tombe d'Osiris et l'on résolut de faire
passer au crible toutes les cendres amoncelées, afin de ne rien laisser
échapper de ce qui pouvait avoir quelque prix. Tout d'abord on avait
déblayé les cendres qui remplissaient les chambres sans y regarder, ce
qui m'a permis de retrouver certains objets qui auraient pu avoir une
certaine valeur aux yeux des spoliateurs; mais dans la cour on ne laissa
plus rien passer et je n'ai rien trouvé. Si bien que les spoliateurs ont
démontré qu'à côté du but purement religieux qu'ils voulaient obtenir,
ils en avaient eu un second beaucoup plus terre à terre, celui de s'enri-
chir de leur pillage. Ils ont pleinement obtenu ce but secondaire qui ne
parle pas en leur faveur ; quant au but principal qu'ils visaient, ils ne
l'ont pas obtenu entièrement, car le culte d'Osiris était tellement enra-
ciné au cœur de la population abydénienne que, si l'on n'alla plus porter
des offrandes au tombeau d'Osiris, on alla au contraire en chercher pour

les emporter dans les maisons. Chaque année, en effet, jusqu'au jour où
mes fouilles me conduisirent en cet endroit, les fellahs d'Abydos
avaient coutume de se rendre le vendredi saint à Om el-Ga'ab et d'emporter des milliers de ces petits vases qui ont fourni le nom de la nécropole, car ces petits vases, les plus anciens, ceux qui remontent histori-
quement tout au moins à la IIIe dynastie, s'appellent *ga'ab* en arabe. La
Passion du Christ avait remplacé la Passion d'Osiris dans la nouvelle
religion, et au jour anniversaire de cette Passion, les fellahs allèrent
chercher les reliques des objets portés au tombeau saint de l'Égypte par
leurs ancêtres au jour anniversaire de la Passion d'Osiris. Mes ouvriers,
voyant que, mes fouilles terminées, ils n'auraient plus les mêmes faci-
lités pour venir chercher ces vases sur l'emplacement du tombeau d'O-
siris, emportaient chaque soir les plus beaux spécimens qu'ils trouvaient
et cela pour les donner comme jouets à leurs enfants.

Pour en finir avec cette question de l'incendie qui fut bien allumé
par les Coptes et qui ne peut aucunement être attribué à des coutumes
de la période néolithique, comme le voudrait M. de Morgan, voici un fait
qui le démontre avec une exactitude ne laissant rien à désirer : dans
la chambre *D* du tombeau, le mur mitoyen entre cette chambre et la
chambre voisine *C* avait été détruit en partie par la violence de l'incendie. D'abord il avait été détaché du grand mur est du tombeau sur
cinq centimètres environ par suite de ce que les briques avaient été
cuites par la chaleur ; de plus, sur toute sa longueur, les briques du haut
avaient été ébranlées et elles étaient tombées toutes du même côté, à savoir dans la chambre *I* où je les trouvées. Si cet effet eût été produit lorsque les spoliateurs ouvrirent cette chambre, ils eussent enlevé les dites
briques en enlevant les décombres et je ne les aurais pas trouvées dans
la chambre, ce qui prouve que c'est bien sur eux seuls qu'on doit faire re-
tomber la responsabilité de l'œuvre de destruction et non pas sur les contemporains, obéissant à je ne sais quelles habitudes qu'on ne connaît pas
et qu'on leur suppose gratuitement, parce que certains auteurs racontent
que Sardanapale se fit brûler ainsi [1]. Il n'y a donc aucun lieu de douter

____

(1) Ces récits ne présentent la mort de Sardanapale que comme un fait particulier

que ce sont bien les chrétiens du vi⁰ siècle de notre ère qui ont incendié le tombeau d'Osiris d'après un plan de conduite bien arrêté dont ils n'ont jamais dévié de propos délibéré et qu'ils ont au contraire fidèlement suivi.

Et maintenant que cette importante question de la spoliation du tombeau d'Osiris me semble définitivement vidée, je passe à l'examen détaillé du tombeau lui-même.

de mœurs, et non comme un trait général, ce qu'il faudrait ici pour justifier la théorie mise en avant. Je ferai observer à propos des chambres dont il vient d'être question que les spoliateurs les trouvèrent intactes, remplies de grandes jarres qu'ils y ont laissées : les chambres ne contenaient de sable que ce qui était nécessaire pour fixer ces énormes vases sans assiette et elles étaient sans doute couvertes en bois, comme je le dirai plus loin.

CHAPÍTRE V

LE TOMBEAU D'OSIRIS, DESCRIPTION ET INVENTAIRE

Le tombeau d'Osiris remontant, selon mon intime conviction, à l'é-
poque même où régna celui qu'on désigna par la suite sous le nom
glorieux d'*Être bon*, comme nous disons familièrement le *bon Dieu*.
personne ne sera étonné, je pense, si je dis que la construction de la
tombe était en tout semblable à celles des autres tombeaux que renfermait la nécropole d'Om el-Ga'ab. Les briques crues étaient de mêmes
dimensions que celles qui avaient servi à édifier les autres tombes et
toutes étaient recouvertes d'une même couche de terre servant à voiler les
interstices des briques et à donner à la construction une sorte de beauté
toute primitive. Cette sorte de pisé est encore visible sur tous les murs;
mais à la chaleur de l'incendie il a été cuit ou est tombé. Il y en avait
une couche épaisse de un à deux centimètres, car la couche avait une
épaisseur très variable; dans les endroits où il est tombé, quelquefois
sur une assez grande étendue relativement aux dimensions des murs,
j'ai pu étudier la manière dont les maçons de cette époque reculée
avaient disposé les briques. Les lits n'étaient pas régulièrement dis-
posés les uns au-dessus des autres : la plupart des briques étaient disposées horizontalement, c'est-à-dire placées à plat, soit dans le sens de
la longueur, soit dans le sens de la largeur; mais il y avait aussi des lits
de briques disposées verticalement, c'est-à-dire dans le sens de la hauteur en mettant la brique sur le grand côté dans le sens de l'épaisseur.
Cette disposition inégale et irrégulière se retrouvait assez fréquemment
dans les murs que j'ai pu examiner : elle est preuve, je crois, que l'ait

de la maçonnerie n'était pas encore bien perfectionné et que les maçons
du temps agissaient un peu comme des enfants qui construisent pour
s'amuser de petits édifices dans ce même genre. Plus tard, lorsque les
hommes furent plus avancés dans l'art architectural et qu'ils s'ingéniè-
rent à trouver les moyens de rendre à la fois leurs constructions plus
régulièrement solides et durables, ils n'usèrent plus de ces moyens primitifs de rendre leur œuvre plus agréable soi-disant, en la diversifiant
à l'œil, et cela parce que la raison leur avait fait comprendre que la
solidité devait être recherchée avant tout. Ainsi le tombeau d'Osiris
n'est pas comparable comme construction semblable au tombeau du roi
Den, car celui-ci accuse de grands progrès dans l'art de bâtir. Malgré
cette inégalité dans l'art de construire avec des briques, l'esprit de
l'homme cherchait déjà à orner les édifices par l'emploi de particularités
architecturales, ainsi que je le dirai bientôt.

Le tombeau d'Osiris, comme tous ceux de la nécropole d'Om el-Ga'ab,
à l'exception du tombeau de Set et de Horus qui était en terre battue,
était donc bâti en briques[1]. Les murs de ce tombeau n'avaient pas une

---

(1) La confection de briques me paraît pouvoir avoir été inventée sur plusieurs points
du globe à la fois et ne saurait aucunement servir de preuve pour attribuer les origines
de la civilisation égyptienne à la Chaldée. Dans le second volume de M. de Morgan sur
les *Origines de l'Égypte*, cette invention de la brique est déniée par M. Jéquier aux Égyptiens ; voici ses paroles : « Tout d'abord un des faits les plus frappants est la construction en briques des grands monuments. L'invention de la brique n'est certainement pas
égyptienne ; elle ne peut provenir d'un pays où la pierre abonde et doit nécessairement
servir de base à toute construction primitive. En effet, les autochthones de la vallée du
Nil n'avaient pas la brique, et nous ne la voyons apparaître qu'avec les conquérants qui
l'employaient pour construire leurs maisons (kjœkkenmœddings de Toukh), que pour
garnir l'intérieur de leurs tombeaux. Nous admettons l'origine chaldéenne des Égyptiens ;
ce fait de l'introduction sur les bords du Nil de la brique s'explique de lui-même, car
en Mésopotamie, la pierre fait absolument défaut et depuis les temps les plus reculés
de la civilisation chaldéenne jusqu'à nos jours, la brique est le seul matériel de construction qui y soit employé. Il est fort naturel de voir les envahisseurs apporter avec eux
des usages auxquels ils étaient habitués depuis longtemps et pour lesquels le sol de
l'Égypte et le limon du Nil leur fournissaient d'excellents matériaux » (*op. cit.*, p. 254).
Ces quelques lignes contiennent une jolie somme d'erreurs. Tout d'abord l'Égypte était
aussi propre que la Chaldée à l'invention de la brique, car si la pierre y abonde ce n'est
que dans certaines parties de la montagne qu'elle est propre à la construction ; dans toute
la vallée du Nil, les habitations sont encore aujourd'hui en briques crues ou cuites pour

épaisseur uniforme, et déjà se manifeste ce vice inhérent à toute l'architecture égyptienne pendant toute la durée de l'empire égyptien, mais ils avaient une épaisseur beaucoup plus forte que les tombeaux ordinaires, et la seule observation de cette épaisseur ou d'une épaisseur analogue pouvait me faire préjuger de l'importance du tombeau, car la règle est invariable, quoique l'on ne puisse pas dire que plus les murs d'un tombeau sont épais, plus ce tombeau est important. Le tombeau d'Osiris était bâti presque régulièrement, ce qui avait dû nécessiter de la part du constructeur une attention plus qu'ordinaire, car les angles formés par l'intersection des murs étaient presque droits. J'ai en effet mesuré ces angles à la boussole et voici les angles fournis par mes mesures : le mur est formait avec le nord magnétique un angle de 68°; les murs nord et sud qui sont parallèles forment chacun un angle de 157° avec le nord magnétique, ce qui donne pour chacun d'eux en retranchant l'angle est un angle de 89°, presque un angle droit; le mur ouest formait de même un angle de 69° avec le nord magnétique, et cette différence d'un degré avec le mur parallèle est provient sans doute de ce que le mur occidental rentrait considérablement. Quoi qu'il en soit, le lecteur trouvera sans doute que n'avoir qu'un degré en moins de l'angle droit, ou un en plus, n'est pas une grosse erreur pour ce temps reculé, où les hommes ne pouvaient avoir en mains les instruments qui ont été inventés beaucoup plus tard et peut-être lui viendra-t-il à l'esprit que cette quasi régularité pourrait faire conclure à l'existence de l'équerre

les personnages riches, et en terre battue pour les pauvres. Ce n'est certes pas l'arrivée de prétendus concurrents qui a pu changer les coutumes d'un peuple qui avait déjà à son usage ce qui lui était nécessaire, car s'il avait dû attendre l'arrivée de ces conquérants pour se bâtir des maisons, il eût été fort à plaindre. C'est l'affaire de M. Jéquier d'admettre sans preuves l'origine chaldéenne des Égyptiens, mais un auteur sérieux demande au moins quelques preuves pour admettre la possibilité d'une pareille théorie. De même quand on parle des différences existant entre les sépultures des autochthones et entre les sépultures des Égyptiens lesquelles sont toutes revêtues de briques, comme le fait M. de Morgan, c'est sans doute par pure envie de se donner l'air d'avoir indiqué une nouvelle théorie, car rien ne permet jusqu'à présent une pareille division, et les contradictions de l'auteur de cette théorie suffisent à elles seules pour prouver combien elle est instable.

déjà trouvée, que cette équerre fût ou non exactement régulière.
Il n'y a donc aucune difficulté à admettre que les Égyptiens de l'é-
poque d'Osiris possédaient déjà l'équerre ou d'autres moyens concou-
rant à une construction régulière ou quasi régulière. La forme du
tombeau d'Osiris était donc celle d'un quadrilatère régulier. Comme on
pourra s'en rendre compte d'après le plan qui est ici donné, les murs
extérieurs ont l'épaisseur suivante, le mur est 2^m,60 environ, le mur
ouest 2^m,69, le mur nord 2^m,96 et le mur sud 2^m,60.

Le tombeau affectait la forme d'une maison bâtie sur trois côtés, le
nord, l'est et le sud, avec une cour intérieure. A l'extrémité nord-ouest
était un escalier permettant de monter sur les terrasses des chambres
quand il s'agissait d'une maison de la vie ordinaire, et ici facilitant la
descente dans le tombeau. Les murs parallèles mesuraient intérieure-
ment 13^m,30 du côté sud, pendant que le côté nord n'avait que 13^m,10;
du côté est et du côté ouest les murs avaient environ 11^m,83; j'emploie
ce mot environ, parce qu'il n'a pas toujours été possible de prendre des
mesures matériellement exactes, puisque je n'avais qu'un rouleau de
20 mètres et que j'étais obligé de me servir du ministère d'un fellah que
j'avais dressé à prendre les mesures, mais qui, certainement, regardait
comme une chose peu importante une différence en plus ou en moins
de 2 ou 3 centimètres. La cour intérieure marquée sur le plan par la
lettre *T* avait les dimensions suivantes dans lesquelles ne sont pas
compris les deux crépissages intérieurs : longueur sud de l'est à
l'ouest 10^m,39, longueur nord également de l'est à l'ouest 10^m,39; largeur est du nord au sud 8^m,47, largeur ouest de même du nord au sud
8^m,64. Ces simples indications suffiront à montrer au lecteur que si les
murs extérieurs du tombeau avaient été faits de façon à peu près régulière, il n'en était pas de même des constructions dans le tombeau. Le
mur ouest de cette cour offrait une particularité qu'à partir de l'angle
sud-ouest du mur d'enceinte, à une distance de 2^m,04, c'est-à-dire à une
distance moyenne de 0^m,50 de la partie du mur parallèle au mur est de
la chambre nord, il y avait dans le mur une niche profonde de 0^m,13,
large de 0^m,96, puis une avancée de 0^m,15 correspondant à la profondeur

du retrait que je viens de signaler. Puis le mur continuait jusqu'au haut de l'escalier pendant 8^m,80.

A l'extrémité sud-ouest se trouvait l'escalier fameux dont parlent les textes égyptiens. S'il faut en croire ces textes, cet escalier aurait donné à lui seul son nom au tombeau tout entier, en vertu de la vieille figure de langage nommée métonymie consistant ici à prendre la partie pour le tout. Cet escalier devait ainsi avoir laissé dans la mémoire du peuple égyptien en général et des habitants d'Abydos en particulier le souvenir de quelque chose d'unique, de typique, qui était regardé comme le sommet de la richesse et de la beauté, ce qui ne peut s'être rencontré que chez un peuple s'ouvrant à la civilisation et pour lequel les moindres progrès réalisés tenaient du merveilleux. De fait, cet escalier n'est rien moins que beau, car il n'a pas assez de largeur. Du reste sa construction témoigne que ceux qui le firent étaient encore loin d'être passés maîtres en l'art de construire. Il fut sans doute commencé par le bas et à mesure qu'une marche s'élevait on prenait soin d'accumuler dessous le sable nécessaire pour en maintenir la solidité. Du côté ouest il s'appuie au mur; du côté est, il s'appuie sur une sorte de rampe qui longe le mur ouest de la chambre I. Cette rampe, ainsi que l'escalier, a une longueur de 6^m,90. L'escalier compte actuellement treize marches; mais il en comptait sans doute quatorze primitivement, celle du bas étant d'une hauteur double de la hauteur des autres. La première marche à partir du bas a 0^m,25 de haut et 0^m,33 de large[1]; la deuxième a 0^m,12 de haut et 0^m,32 de large; la troisième a 0^m,13 de haut et 0^m,33 de large; la quatrième a 0^m,12 de haut et 0^m,33 de large; la cinquième a 0^m,12 de haut et 0^m,30 de large; la sixième a 0^m,14 de haut et 0^m,30 de large; la septième a 0^m,12 de haut et 0^m,28 de large; la huitième a 0^m,15 de haut et 0^m,31 de large; la neuvième a 0^m,15 de haut et 0^m,32 de large; la dixième a 0^m,13 de haut et 0^m,27 de large; la onzième a 0^m,12 de haut et 0^m,35 de large; la douzième a 0^m,14 de haut 0^m,35 de large; la treizième a 0^m,14 de haut

____

[1] Je ne donne pas la longueur de la marche qui est uniformément celle de l'escalier, c'est-à-dire 0^m,80.

et 0^m,35 de large. D'où il est facile de voir que la hauteur moyenne est d'environ 0^m,13 et la largeur de 0^m,32 ou de 0^m,33.

Cet escalier permettait de descendre du sol de la montagne jusqu'au sol du tombeau qui était uniformément, pour toutes les chambres et pour toute la cour, en terre battue. Ce devait être dans cette cour qu'avaient été amoncelées les richesses de l'ameublement funéraire. Le lecteur sait déjà que l'incendie allumé avait presque tout dévoré et que les moines fanatiques, en passant les cendres au crible, avaient mis la main sur tout ce qui avait échappé à l'incendie. Cette cour était traversée de murs bâtis par les spoliateurs, afin d'opérer à leur aise sans avoir à craindre les avalanches de sable. Le premier que l'on rencontra de ces murs partait du mur nord de la chambre *D* et allait rejoindre la chambre *M* en décrivant un arc de cercle. Un second partait de cette même chambre *M* et aboutissait à la chambre *G*. Les deux avaient été construits avec des pierres provenant des monuments brisés, en grès ou en calcaire, mélangés à des briques ou à des poteries dont la plupart avaient été vitrifiées par la chaleur de l'incendie. Les spoliateurs, pour s'assurer que le pavé en terre battue ne cachait point d'objets précieux, avaient fait un énorme sondage : le trou qu'ils avaient laissé derrière eux avait 1^m,37 de long, 0^m,75 de large et une profondeur de 0^m,75. Près de ce trou, aux angles nord-est et nord-ouest de cette cour, les ouvriers trouvèrent une grande rainure disposée pour recevoir du bois ; elle avait la longueur de la cour, était large de 0^m,92 et profonde de 0^m,10. Toute la profondeur était remplie de bois qui était à moitié calciné. Dans le bois que l'on y a trouvé, on a rencontré de petits morceaux de cuivre le long des deux extrémités nord et sud ; ces morceaux de cuivre, taillés en forme de petites chevilles, montraient avec évidence qu'il y avait au-dessus du fond d'autres planches retenues de la sorte, et que le tout devait avoir la forme d'une boîte, ou comme l'on dit aujourd'hui d'une châsse destinée à contenir des reliques. C'est là, je crois qu'était conservée la célèbre relique d'Osiris, la tête qu'Isis avait enterrée dans le tombeau d'Abydos. Il va sans dire que, dans l'état des lieux, je n'ai pas rencontré cette tête encore en place : elle avait été jetée un peu plus loin au milieu des décombres dont on avait rempli les chambres de l'est.

Pour terminer cette description préliminaire, il me reste à dire quelle était la hauteur des murs d'enceinte, ou la profondeur du tombeau. Quoique rien ne semble plus facile au premier abord que d'indiquer cette hauteur ou cette profondeur, cependant je ne le peux faire d'une manière exacte, car les spoliateurs ont sur presque tout le circuit du tombeau détruit un ou plusieurs lits de briques, cela même en construisant d'autres murs pour empêcher les envahissements du sable. Les hauteurs des murs sont toutes différentes entre elles, et si je les avais prises encore sur un plus grand nombre de points, je ne doute pas que je n'eusse trouvé d'autres différences. La hauteur du mur ouest par exemple est de $2^m,50$ au point où je l'ai prise ; celle du mur sud de $2^m,45$ et celle du mur est seulement de $2^m,40$. Je n'ai aucun doute sur l'uniformité primitive de hauteur ; mais dans l'état actuel il y a diversité. La cour intérieure était-elle couverte ou ne l'était-elle pas ? Cette question se lie étroitement à celle de la hauteur des murs. Pour ma part, je ne crois pas qu'il y ait eu couverture ; cette cour devait être hypèthre, car on n'aurait pu se procurer des pièces de bois ayant plus de 11 mètres de longueur, puisque la largeur intérieure du tombeau était de $10^m,80$. Il en est tout différemment des chambres, ainsi que je dirai dans le paragraphe suivant.

Le tombeau comprenait quatorze chambres que j'ai désignées chacune par une lettre de l'alphabet de *A* à *M*. Il y en avait cinq à l'est, quatre au nord et cinq au sud. Les chambres étaient d'inégale grandeur : elles n'avaient point de porte et rien n'annonce qu'il y en ait jamais eu. Lorsqu'on a construit ce tombeau, comme plus tard lorsqu'on a construit le tombeau de Set et de Horus, on ne savait point encore fermer l'entrée des maisons, pas plus qu'on ne savait leur donner de la lumière par une fenêtre ou ouverture placée dans la partie supérieure des murs : nulle part dans la nécropole d'Om el-Ga'ab je n'ai rencontré un vestige quelconque qu'il y ait des ouvertures ou des portes. Cependant on savait déjà recouvrir le tombeau d'une sorte de toiture soit en bois, soit en feuillage soutenu par des poutres en bois, inégalement placées et d'inégales dimensions, peu ou point équarries : le tombeau de Set et de Horus était ainsi couvert et j'ai rencontré d'autres tombeaux dans cette même nécropole qui l'étaient aussi. En était-il de même de celui d'Osiris ? Je dois à la vérité de dire que nulle part je n'ai trouvé quoi que ce fût qui me donnât à penser que ce tombeau ressemblât sur ce point à celui de Set et de Horus ; et cependant je ne puis faire autrement que de croire qu'en réalité il était couvert de la sorte. Mes raisons de penser ainsi sont : premièrement, que les dimensions des chambres permettaient facilement une pareille couverture ; secondement, que la partie supérieure du mur avait été détruite par les spoliateurs et, troisièmement, que j'ai rencontré une telle quantité de feuilles et de branches d'arbres au cours de mes fouilles que l'on est très raisonnablement conduit à admettre la possibilité d'une couverture : si je n'ai pas rencontré trace de chevrons, leur absence est facilement compréhensible après les incendies qui furent allumés dans la cour centrale et dans chacune des chambres en particulier. C'est tout ce que je puis dire : mon opinion m'est purement personnelle ; j'en ai donné les raisons, c'est au lecteur de se faire à lui-même une opinion, car il le peut faire, puisque je lui ai soumis toutes les données du problème.

La chambre A, la plus extrême au nord-est, était dans un état déplorable. Comme la plupart des chambres que je vais passer en revue, elle était remplie de sable et de poteries ; ses murs étaient en partie démolis. Ainsi le mur qui séparait la chambre A de la chambre B, mur mitoyen et qui, pour la chambre A était le mur sud, était en grande partie démoli. Cette chambre offrait une particularité curieuse, à savoir qu'elle était complètement murée, et cette particularité était reproduite à l'angle opposée du tombeau, car la chambre E n'avait aussi aucune communication avec les autres chambres ou avec la cour centrale. Une autre particularité se trouve dans la présence d'un pilastre dans le mur nord et dans le mur sud. La construction des murs présentait des divergences sensibles dans les mesures d'un même mur, car il y avait un fruit très visible même pour un œil peu exercé : c'est pourquoi j'ai pris le plus souvent deux fois chaque mesure quand il s'agit de la longueur d'un mur afin d'être aussi exact que possible. Voici les mesures de cette chambre : mur ouest, longueur 1^m,62 prise à mi-hauteur car il n'a pas été possible de la prendre en haut et en bas, hauteur 2^m,72; mur nord, à partir de l'angle ouest, longueur 1^m,28, puis avancée de 0^m,13, longue de 0^m,40, retrait de 0^m,14 et le mur continue pendant 0^m,93, ce qui lui constitue une longueur totale de 2^m,61, hauteur 2^m,50 actuellement; le mur est a 1^m,54 de longueur; le mur sud à partir de l'est a 1^m,08 jusqu'à l'avancée du pilastre qui est de 0^m,13 et longue de 0^m,40; puis vient un retrait de 0^m,13 et le mur continue pendant 1^m,19, ce qui donne comme mesure totale 2^m,67. L'épaisseur du mur sud-est de 0^m,78 avec l'avancée, c'est-à-dire 0^m,64 sans l'avancée, et celle du mur ouest qui n'a pas de pilastre est de 0^m,82. Le contenu de cette chambre sera indiqué plus loin.

Chambre *B*. — Le mur qui séparait au sud la chambre *B* de la chambre *C* était détruit en partie à son extrémité ouest. Dans le mur que les Coptes spoliateurs ont construit en dessus de cette chambre, il y avait des briques plus grandes simplement léchées par les flammes, mélangées avec d'autres briques entièrement cuites : ce sont donc les Coptes qui ont allumé l'incendie puisqu'ils ont apporté des briques que ne fournissait pas la nécropole et que ces briques sont telles que je viens de le dire. A l'angle formé par le mur nord de la chambre *B* et ouest de la chambre *A* les murs avaient été démolis et près de cet angle était le sondage que j'ai déjà signalé en parlant de la cour centrale. Les mesures de cette chambre sont les suivantes : mur est, 2^m,11 de longueur en haut, et 2^m,07 en bas, la hauteur était de 2^m,50; mur nord, 2^m,62 de longueur prise au milieu à cause de la destruction du mur dont le crépissage était tombé et 2^m,57 en bas, la hauteur était de 2^m,41 dans la partie la plus haute; mur sud détruit en haut, 2^m,67 de longueur au tiers de la hauteur et 2^m,69 en bas, la hauteur était de 2^m,20 dans la partie la plus élevée. Il n'y avait pas de mur ouest, la baie ainsi formée servant de porte. L'épaisseur du mur sud était de 0^m,67.

Chambre *C*. — Dans cette chambre, comme je l'ai déjà dit plus haut, on a trouvé une autre preuve que l'incendie avait été allumé par les Coptes :

le mur sud qui séparait cette chambre de la chambre *D* a été démoli par l'incendie et est tombé dans la chambre *D*. L'incendie qu'on avait allumé avait cuit le pavé en terre battue. Cette chambre ne présentait aucune autre particularité. En voici les mesures : mur est, 1^m,60 de longueur en haut et 1^m,65 en bas, la hauteur était de 2^m,58 ; mur nord, 2^m,75 au tiers de la hauteur et mur ouest en bas, la hauteur moyenne n'était que de 1^m,75 ; mur sud 2^m,78 en haut et 2^m,70 en bas, la hauteur étant de 2^m,59 à l'angle sud-est et seulement de 1^m,80 à l'extrémité ouest. L'épaisseur du mur sud était de 0^m,70. Cette chambre prouve que le fruit n'était pas toujours de haut en bas, mais quelquefois de bas en haut, ce qui montre la non-habitude des constructeurs à faire des murs réguliers.

Chambre *D*. — En dessus de cette chambre, le mur construit par les Coptes l'avait été avec des vases, complets ou fragmentaires. Le même fait s'est rencontré de nouveau dans la chambre *K*. Nulle autre chose à faire observer. Voici les mesures de cette chambre : le mur est était en partie détruit ; à la hauteur de 1^m,75, il avait 2^m,20 de longueur et 2^m,16 en bas, la hauteur actuelle étant de 1^m,80 ; le mur nord avait 1^m,78 au milieu, la hauteur actuelle près de l'angle nord-est étant de 2^m,42 ; le mur sud était détruit à l'extrémité ouest et mesurait seulement 2^m,28, la hauteur étant de 2^m,58. L'épaisseur du mur sud était de 0^m,75. On avait creusé un grand trou dans le mur est afin de voir si l'on n'y trouverait pas quelque objet précieux.

Chambre *E*. — Cette chambre avait subi les atteintes d'un fort incendie et les briques étaient toutes noires de fumée. Elle était, comme la chambre *A*, complètement ruinée et les murs avaient été en grande partie démolis. Elle était située à l'angle sud-est du tombeau et par conséquent c'était la dernière de la rangée orientale. Ce fait que les chambres extrêmes de l'est étaient murées et qu'il y avait un escalier à l'angle nord-ouest m'a fait penser que le plan du temple de Séti Ier, si l'on s'en tient aux grandes lignes, avait été fait d'après celui du tombeau d'Osiris, car le temple de Séti Ier, dégagé des constructions postérieures de Ménépetah Ier, était borné à l'est par la chambre murée qu'a trouvée Mariette et se terminait à l'angle nord-ouest par un escalier. Cette chambre était également ornée de pilastres. En voici les mesures : mur est, 1^m,50 de longueur au milieu et 1^m,45 en bas, la hauteur à l'angle nord-est étant de 1^m,53 seulement; mur nord, à partir de l'est 0^m,92 en haut et 0^m,90 en bas, puis avancée de 0^m,11, longue de 0^m,40, retrait de 0^m,12 et le mur continue vers l'ouest pendant 1^m,41, ce qui donne une longueur totale de 2^m,74 : ce mur a été détruit; en est, il a une hauteur moyenne de 1^m,83 et seulement de 0^m,93 en ouest; le mur ouest a une longueur de 0^m,65 en haut et de 1^m,53 en bas. A 0^m,09 de l'angle nord-ouest, il y a une sorte de niche large de 0^m,54, profonde de 0^m,01 et haute de 1^m,55 : la hauteur actuelle du mur est de 2^m,45, mais il a subi un commencement de démolition; le mur sud, à partir de l'angle est, a 0^m,92 à mi-hauteur et 0^m,90 en bas, puis vient une avancée de 0^m,15, longue de 0^m,40 avec un retrait de 0^m,13 et le mur continue vers l'ouest pendant 1^m,39 en haut et 1^m,35 en bas. L'épaisseur du mur ouest est de 0^m,80, celle du mur sud étant l'épaisseur du mur d'enceinte du tombeau donnée précédemment.

Chambre *F*. — La chambre *F* est la première de la rangée nord; elle avait été également incendiée et n'offrait pas d'autre particularité, sinon que l'incendie avait complètement cuit les briques et qu'elle contenait des pilastres. En voici les mesures : mur est, 0^m,68 de longueur en haut et 0^m,58 en bas, puis avancée de 0^m,10, longue de 0^m,40, retrait de 0^m,10 et le mur continuait pendant 0^m,59, ce qui donne une longueur totale de 1^m,61, la hauteur actuelle étant de 2^m,59; mur nord, 1^m,10 de longueur en haut et en bas, la hauteur actuelle étant de 2^m,59; mur ouest, à partir du nord, 0^m,64 en haut et 0^m,52 en bas, puis avancée de 0^m,10, longue de 0^m,40, retrait de 0^m,11 et le mur continue pendant 0^m,61, ce qui donne une longueur totale de 1^m,65, la hauteur actuelle étant de 2^m,50. L'épaisseur du mur ouest est de 0^m,78 sans le crépissage. D'où l'on peut voir que les chambres de cette rangée sont de beaucoup plus petites que les chambres de la rangée est. Avec cette chambre *F* commençaient les petites niches placées près de la baie d'entrée à l'est et à l'ouest, en face l'une de l'autre; celle du côté est était placée à 0^m,06 de l'entrée, large de 0^m,45, profonde de 0^m,01 et haute de 1^m,45; celle de l'ouest était placée à

0^m,09 de l'entrée, large de 0^m,49, profonde de 0^m,01 et haute de 1^m,47. Je n'ai pu parvenir à savoir la destination de ce que j'appelle *de petites niches*, car je n'ai rien trouvé qui pût me l'indiquer. J'avais pensé d'abord que ce pouvait être l'emplacement de stèles, comme j'avais trouvé la première année de pareils emplacements ménagés dans les murs des chambres du tombeau dans lequel a été rencontrée la stèle du roi Serpent ; mais outre que je n'ai pas rencontré de stèle en place, je ne crois pas que la profondeur de ces niches fût assez grande pour y pouvoir placer une stèle, pendant que la hauteur était trop élevée pour la largeur, les stèles n'ayant ni cette hauteur, ni cette épaisseur et paraissant seulement avoir cette largeur. Je laisse donc à de plus habiles que moi la solution de ce problème architectural.

Chambre *G.* — La chambre *G* avait aussi des pilastres et des niches : elle ne présentait nulle autre particularité. En voici les mesures : mur est, à partir de l'entrée, 0^m,54 de longueur, puis avancée de 0^m,10, longue de 0^m,40, retrait de 0^m,11 et le mur continue pendant 0^m,70, ce qui donne une longueur totale de 1^m,64, la hauteur actuelle étant de 2^m,50, le mur nord a 1^m,28 de longueur en haut et 1^m,30 en bas, la hauteur actuelle étant de 2^m,57 ; le mur ouest, à partir de l'angle nord, a une longueur de 0^m,72 en haut et de 0^m,60 en bas, puis vient une avancée de 0^m,12, longue de 0^m,39, avec un retrait de 0^m,11 et le mur continue pendant 0^m,56 en haut et 0^m,51 en bas, ce qui donne une longueur totale de 1^m,67 en haut, 1^m,50 en bas, la hauteur actuelle étant de 2^m,59. L'épaisseur du mur ouest est de 0^m,79 sans le crépissage. Des deux niches qui se trouvaient à l'entrée, on ne voit plus que la place, car le feu avait fait tomber le crépissage et la profondeur était trop mince pour que l'on puisse les retrouver.

Chambre *H.* — C'est dans cette chambre que j'ai retrouvé le bois amoncelé pour l'incendie qui avait été allumé, mais qui n'avait pu accomplir son œuvre parce qu'on avait trop tôt jeté du sable par dessus afin de remplir la chambre. Je ne peux donner les mesures, car j'ai oublié de les prendre au milieu de l'agitation que causa la découverte du lit d'Osiris. J'étais en effet occupé à surveiller le déblaiement de cette chambre lorsqu'on vint me dire qu'un ouvrier me demandait; je me rendis a son appel et j'oubliai ensuite de prendre les mesures de la chambre. Fort heureusement que j'ai pris avec toute l'exactitude possible les mesures des autres chambres et que le calcul permet aussi de retrouver celles que je n'ai pas prises. Cette chambre devait avoir des pilastres et des niches, comme toutes celles de cette rangée.

Chambre *I*. — Cette chambre, la dernière du côté nord, est en grande partie démolie, elle ne présente aucun fait remarquable. En voici les mesures : le mur est a $1^m,57$ de longueur dans le seul endroit où il soit à peu près complet; le mur nord a $0^m,95$ en haut et $0^m,90$ en bas, puis en allant vers l'ouest vient une petite avancée de $0^m,14$, longue de $0^m,91$ en haut et $0^m,90$ en bas, avec un retrait de $0^m,13$ et le mur se prolonge pendant $0^m,07$, ce qui donne un total en haut de $1^m,93$ et en bas de $1^m,87$; le mur ouest a $1^m,55$ en haut et $1^m,43$ en bas. Cette chambre n'a donc pas de pilastre aux murs est et ouest, mais bien au nord. Les deux niches existent bien près de l'entrée : celle du mur est est à $0^m,11$ du commencement du mur, large de $0^m,52$, profonde de $0^m,01$ et haute de $1^m,51$; celle de l'ouest est à $0^m,12$ de l'entrée, large de $0^m,47$, profonde de $0^m,01$ et haute de $1^m,37$. La hauteur actuelle du mur est est de $2^m,56$, celle du mur nord, de $2^m,40$ et celle du mur ouest de $2^m,57$. Cette chambre était suivie de l'escalier dont j'ai donné plus haut les mesures.

Chambre *J*. — Avec cette chambre nous revenons au mur sud près de la chambre *E*. Elle était remplie de sable et l'on avait construit un mur en travers de l'entrée. Le pavé de cette chambre montrait que les fouilleurs avaient aussi là cherché à savoir si rien de précieux n'avait été caché : on voyait un trou profond de $0^m,15$ et carré. De même dans le mur est, il y avait un autre trou fait par les spoliateurs dans la même intention. Les mesures de cette chambre sont les suivantes : le mur est a $1^m,63$, le mur sud $1^m,07$ et le mur ouest $1^m,63$. La hauteur de la chambre est de $2^m,55$. L'épaisseur du mur est est de $0^m,69$ et celle du mur ouest également de $0^m,69$. Dans le mur est se trouvait un petit emplacement creux, c'est-à-dire une niche placée à $0^m,06$ de l'entrée, large de 0^m,26, profonde de 0^m,01 et haute de toute la hauteur du mur en cet endroit, laquelle est de 1^m,39. Le mur ouest était trop détruit pour qu'on y pût voir l'emplacement de la niche.

Chambre *K*. — Cette chambre était remplie de sable et de briques crues ; au fond, près de l'angle sud-est, était un tas de criblures. Les mesures de cette chambre sont ainsi : le mur est, à partir de l'entrée, a 0^m,58 de longueur, puis, vient une avancée de 0^m,10, longue de 0^m,425 avec un retrait de 0^m,12, et le mur continue pendant 0^m,66 en haut et 0^m,60 en bas, la hauteur étant de 2^m,23 actuellement ; le mur sud a une longueur de 1^m,22 au milieu et 1^m,26 au bas, la hauteur étant de 2^m,49 actuellement, car tous ces murs ont subi un commencement de démolition et d'ailleurs le sol de ces diverses chambres n'était pas toujours au même niveau ; le mur ouest, à partir de l'angle sud-ouest, a 0^m,65 de longueur en haut du mur qui est démoli et 0^m,64 en bas, puis, vient une avancée de 0^m,12 longue de 0^m,40, avec un retrait de 0^m,12 et le mur continue pendant 0^m,52, non compris le crépissage qui a disparu, la hauteur actuelle de ce mur étant de 1^m,49. Le mur est donne donc une longueur totale de 1^m,66 en haut et le mur ouest de 1^m,57 dans les mêmes conditions. Il y avait également deux petites niches : celle du mur est était à 0^m,14 de l'entrée, large de 0^m,29, profonde de 0^m,02, haute de 1^m,27, celle de l'ouest était à 0^m,15 de l'entrée, large de 0^m,32, profonde de 0^m,045, haute de 1^m,30 à l'état actuel, car le mur est démoli. L'épaisseur du mur ouest est de 0^m,64, mais il a perdu son crépissage.

Chambre *L*. — Cette chambre avait beaucoup souffert de la part des spoliateurs, comme ce qui suit va le montrer. Le mur est était démoli : il a actuellement 1^m,64 de longueur en haut et 1^m,66 en bas, la hauteur étant actuellement de 1^m,43, ce qui témoigne de la démolition qu'il avait subie ; le mur sud a 1^m,05 de longueur au tiers de la hauteu et 1^m,03 en bas, la hauteur actuelle étant de 1^m,40 seulement ; le mur ouest a 1^m,50 de longueur et sa hauteur est seulement de 0^m,45 à l'entrée et de 1^m,41 à l'angle sud-ouest. Il avait 0^m,70 d'épaisseur. La chambre n'avait donc pas de pilastres ; mais elle avait les deux niches affrontées près de l'entrée. La niche est se trouvait à 0^m,13 de l'entrée, large de 0^m,96, profonde de 0^m,02 et haute de 1^m,21 peut-être, car le mur était dans un tel état que l'on ne peut rien assurer sur la hauteur de la niche; celle du mur ouest était à 0^m,06 de l'entrée, large de 0^m,39, profonde de 0^m,01, et il a été impossible d'en connaître la hauteur à cause de l'état du mur.

Chambre *M.* — Cette chambre, venant après la précédente, est en partie ruinée, comme il est facile de le comprendre. En voici la mesure: le mur est a 1^m,50 dans sa longueur, il est démoli dans presque toute sa hauteur, comme on le sait déjà: le mur sud est long de 1^m,11 en haut et de 1^m,09 en bas, la hauteur étant de 2^m,45; le mur ouest a 1^m,57 de longueur en haut et 1^m,49 en bas, sa hauteur étant de 2^m,47. Il avait 0^m,70 d'épaisseur. La chambre contenait deux niches placées comme toutes celles dont il a été question; celle de l'est était à 0^m,11 de l'entrée, large de 0^m,35, profonde de 0^m,025 et la hauteur en est nécessairement ignorée, puisque le mur est détruit; celle de l'ouest également à 0^m,11 de l'entrée, large de 0^m,41, profonde de 0^m,01, la hauteur n'ayant pu être prise à cause de l'état du mur qui est démoli à l'entrée.

Chambre *N.* — Cette chambre ressemble aux deux précédentes et n'offrait aucune particularité digne d'être notée. En voici les mesures: le mur est avait 1^m,58 de longueur en haut et 1^m,50 en bas, la hauteur actuelle étant seulement de 2^m,40; le mur sud avait 1^m,23 de longueur en haut et 1^m,20 en bas, la hauteur étant de 2^m,45; les dimensions du mur ouest ont déjà été données dans les mesures de la grande cour, car cette chambre était la dernière à l'ouest, par conséquent n'avait d'autre mur de ce côté que le mur d'enceinte du tombeau. Le mur est contenait une niche placée à 0^m,12 de l'entrée, large de 0^m,39, profonde de 0^m,02 et la hauteur n'a pu être prise parce que le crépissage est tombé, puisque toutes ces niches n'avaient qu'une profondeur moindre que la couche de crépissage dont on avait revêtu les murs en briques.

Telle est la construction de ce monument qui est sans contredit le plus ancien qui soit actuellement connu dans le monde entier. Le lecteur qui aura eu la patience de lire ces dernières pages toutes remplies de chiffres, aura sans doute observé que les mesures d'un même mur ne concordent pas, à quelques centimètres près: il ne doit pas se hâter

d'accuser la négligence de celui qui a pris les mesures, car souvent la
différence entre la face ouest d'un mur appartenant à deux chambres et
la face est provient de ce que le mur sud ou nord, selon les cas, avait
un fruit plus considérable en telle chambre qu'en telle autre. De même,
il aura remarqué, sans que j'aie besoin d'attirer plus spécialement son
attention sur les divergences de dimension, que la construction n'était
pas le moins du monde régulière jusque dans les plus petits détails,
que par exemple les pilastres se trouvent dans telles chambres et ne se
trouvent pas dans telles autres, sans que nous puissions voir la moindre
raison pour leur absence ou leur présence; que les niches n'ont ni la
même largeur, ni la même hauteur, ni la même profondeur, qu'elles
n'étaient point uniformément situées l'une vis-à-vis de l'autre, quand
tout au contraire aurait demandé de l'uniformité dans la disposition de
ces particularités architecturales, d'une architecture qui commençait
seulement à naître. Toutes ces observations lui montreront sans doute
que l'époque où fut construit ce tombeau fut une époque à laquelle l'art
de construire était encore dans l'enfance, ce qui était bien loin d'être
le cas sous la IIIe dynastie, époque à laquelle on a voulu rabaisser la
date de ce monument, ainsi que j'aurais l'occasion de le dire et de le
réfuter dans le chapitre suivant.

Il me faut dire à présent un mot de ce que contenait chacune de ces
chambres dont je viens d'achever la description et qui formaient le tombeau ou, comme disaient les Égyptiens, la maison d'Osiris. Quelques-
unes, même un grand nombre de ces chambres étaient presque absolument vides : je n'y ai absolument rien trouvé ; de celles-là je ne
dirai donc rien, et des autres je mentionnerai seulement les objets les
plus intéressants pour le lecteur, sans m'astreindre à donner par le
menu la mention ou la description des moindres fragments que j'ai ra-
massés dans les décombres.

Presque toutes les chambres latérales, même et surtout les deux
murées de la rangée est, contenaient de grandes jarres, presque toutes
visitées par les spoliateurs, quoique quelques-unes fussent encore
coiffées de leurs bouchons coniques en terre. Tous ces vases étaient

fêlés par suite de la violence de l'incendie allumé, et un grand nombre de bouchons étaient cuits, car, comme ceux déjà trouvés la première année, ils étaient faits de terre mélangée avec des fibres de palmier pour la rendre consistante et ils avaient été appliqués sur une petite assiette ronde et creuse qui bouchait l'entrée de la grande jarre, pendant que le bouchon en terre bouchait l'orifice tout entier, descendait vers la panse et s'élevait en cône au-dessus de l'assiette. Ils étaient estampillés comme ceux que j'avais déjà rencontrés, mais tous au nom d'un même personnage qui était désigné par une bannière faite ainsi . Je n'ai pas rencontré d'autre nom royal ou de double royal dans le tombeau d'Osiris.

Dans la chambre *A*, il y avait 13 grandes jarres toujours en place dans la chambre, dont 7 étaient encore coiffées de leurs bouchons, plus trois autres bouchons placés dans le sable : ces jarres avaient été visitées par les voleurs ou les liquides qu'elles contenaient s'étaient évaporés à travers la terre poreuse. La chambre *B* était remplie de grandes jarres fêlées, contenant du sable, des cendres et du charbon : elles avaient toutes été visitées par les spoliateurs et placées debout : la plupart se brisèrent dès qu'on voulut les remuer. La chambre *C* contenait un assez grand nombre de grandes assiettes en terre très grossière. Sur le mur nord de cette chambre qui lui était mitoyen avec la chambre *B*, il y avait la moitié d'une grande jarre avec la marque , un rat ? C'est dans la chambre *D*, près de la porte, mais à l'intérieur de la chambre, que j'ai rencontré le 2 janvier 1898 un crâne qui doit être celui d'Osiris. Avant d'être assuré, autant qu'il est possible dans une matière aussi délicate, de l'authenticité du crâne, j'attendis d'avoir déblayé le tombeau tout entier, car si j'avais rencontré seulement un ossement, le plus petit ossement, je n'aurais pas cru pouvoir penser un seul moment que le crâne était ce chef d'Osiris que la déesse Isis enterra dans le tombeau d'Abydos. Avant même d'attendre que rien vînt me détourner de la pensée que j'avais trouvé le crâne d'Osiris ou l'affirmer, j'en dressai aussitôt le procès-verbal que je publie ici :

« Aujourd'hui 2 janvier 1898 (deux janvier) a été trouvé dans la chambre *D* du tombeau d'Osiris (la lettre *D* désignant la chambre marquée ainsi sur le plan de ce tombeau) un crâne auquel manque la mâchoire inférieure. Cette trouvaille a été faite à l'entrée de la chambre *D*, près du mur nord de cette chambre, vers trois heures du soir. En témoignage de quoi j'ai dressé le présent procès-verbal que mon ami et compagnon, M. A. Lemoine, a signé avec moi. Cette tête, si l'on ne rencontre pas d'autre ossement dans le tombeau, est vraisemblablement celle d'Osiris que les spoliateurs auront rejetée avec les autres débris de cette chambre, la quatrième à partir du mur nord dans le côté est.

« En foi de quoi nous avons signé tous les deux.

« *Abydos, 2 janvier 1898.*

« E. Amélineau, Achille Lemoine. »

Dans cette même chambre *D* on a trouvé un morceau de bois de cèdre (?) assez long : il n'y avait rien autre chose. La chambre *E* ne contenait rien que deux fragments de vase, l'un en marbre onyx d'Égypte vulgairement appelé albâtre, l'autre en pierre schisteuse ardoisière. La chambre *F* contenait six grandes jarres avec des fragments ; la chambre *G* ne contenait qu'une grande jarre ; la chambre *H* contenait cinq grandes jarres dont deux avec bouchons, trois ampoules en terre cuite, plus une quantité très grande de fragments de toute sorte, parce que cette chambre, le lecteur se le rappellera, l'incendie à peine allumé avait été éteint presque sur-le-champ. La chambre *I* n'a donné qu'un joli fragment en ivoire sculpté ; la chambre *J* ne contenait absolument rien. La chambre *K* contenait seulement des fragments de bois d'ébène travaillé et un fragment de vase en poterie fine avec des degrés, comme j'en avais trouvé la première année. La chambre *L* n'a rien fourni. La chambre *M* contenait un assez grand nombre de petits fragments d'objets en ivoire, en cristal de roche et un talon de hache en pierre polie. C'est dans cette chambre qu'avait été rejeté et renversé le lit d'Osiris dont je parlerai bientôt. La chambre *M* contenait aussi plusieurs tablettes en pierre schisteuse ardoisière. La chambre *N* contenait un grand fragment (le bas) d'un vase cylindrique en albâtre sur lequel on avait charbonné une tête de Christ [1]. Et c'est tout, ou à peu de chose près, ce que contenaient les chambre latérales.

La grande cour était mieux partagée et l'on a trouvé un assez grand nombre de fragments qui témoignent de l'avancement de la civilisation à cette époque, mais qui n'offriraient au lecteur qu'un intérêt fort secondaire et que je n'ai pu d'ailleurs suffisamment étudier afin d'en parler avec fruit. Tous ces objets ont été partagés par égale moitié, — si le partage n'a pas été égal, l'inégalité a été toute en faveur du Musée de Gizeh; — de la sorte un certain nombre d'objets qui auraient pu être complétés ne le seront pas, puisqu'une moitié est à Gizeh et l'autre moitié à Paris : il est très regrettable d'avoir à consigner ici ce fait.

Un objet qui est resté tout entier au Musée de Gizeh, c'est le lit d'Osiris dont il me faut parler maintenant. Le 2 janvier, vers 4 heures de l'après-midi, comme j'étais occupé à considérer le déblaiement de la chambre *H*, après avoir pris les mesures d'une autre chambre qui venait d'être déblayée, un de mes ouvriers vint m'avertir que ma présence était nécessaire à quelques mètres de là. Je m'y rendis aussitôt, et je vis qu'on venait de découvrir une grande pierre de granit avec des inscriptions : je la fis déblayer au plus vite, et ce soir-là même l'ouvrage était assez avancé pour me permettre de reconnaître la nature du monument qui venait d'être mis au jour. Le lendemain je fis achever le déblaiement; je fis remettre en place le monument qui avait été renversé sur le côté et je pus alors l'examiner sous toutes ses faces. C'était un gros monolithe en granit gris, ayant 1^m,77 de long du côté droit, 1^m,78 du côté gauche, 0^m,86 à la tête et 0^m,89 aux pieds. Il avait la forme d'un lit placé sur un socle ayant 0^m,14 de hauteur. Le lit était à têtes et à pieds de lions, comme les lits si connus dont l'Égypte semble avoir eu le monopole. Les pieds de lion à l'arrière et à l'avant étaient simplement annoncés par les griffes qui avaient été peintes en blanc. Si les pieds n'offraient aucun caractère particulier d'art, les têtes au contraire étaient de la plus grande beauté et offraient une preuve remarquable du réalisme artistique de celui

____

(1) C'est par erreur que l'on a collé sur le vase une étiquette avec la mention I; c'est N qu'il faut lire, comme mon journal de fouilles en témoigne.

qui avait sculpté ce monument. Sur le lit était étendue une momie à l'aspect assez jeune, à tête petite, aux tempes rentrées, coiffée de la couronne blanche, tenant entre les mains sorties de la gaine un sceptre pastoral et un fouet. Au-dessus de sa tête étaient deux éperviers brisés et dont j'avais trouvé l'un une vingtaine de jours auparavant au milieu des décombres qui surmontaient le tombeau : lorsque je l'appliquai à l'endroit voulu, il se tint si bien en place qu'il est impossible de ne pas voir qu'il faisait partie du monument : deux autres éperviers étaient aux pieds, brisés également. De plus, au milieu du corps, on voyait les pattes d'un cinquième oiseau qui avait été brisé. Au premier aspect je me rendis parfaitement compte que j'avais sous les yeux le modèle ou la copie d'un bas-relief qui se trouve dans la première chambre annexe de Sokaris, mur ouest, dans le temple de Séti Ier à Abydos, que la momie devait être Osiris, que les éperviers symbolisaient Horus et que l'oiseau au milieu du corps devait représenter Isis s'étant placée sur le membre viril d'Osiris pour en concevoir. Je n'avais pas encore remarqué, sous l'épaisse couche de poussière qui recouvrait le monument, les inscriptions qui accompagnaient chacun des personnages. Sous chacun des éperviers placés aux pieds et à la tête du lit, il y avait une bannière ainsi faite :  l'épervier surmontant ce qu'on appelait jadis la bannière et ce que l'on regarde aujourd'hui avec raison comme le rectangle symbolisant la maison du *double* après la mort, et dans l'intérieur du rectangle était l'expression si connue de *vengeur de son père,* le tout donnant : Horus, vengeur de son père. Vis-à-vis l'épaule droite d'Osiris se trouvait un rectangle contenant en son intérieur les signes suivants : 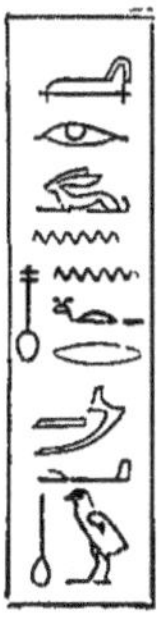 c'est-à-dire : *Osiris, l'Être bon, juste de voix,* l'épithète *juste de voix* servant à indiquer que ce n'était pas Osiris en tant que dieu, mais Osiris en tant que décédé qui était représenté, puisque cette épithète ne se donne qu'aux défunts. Enfin, vis-à-vis l'endroit où se trouvait le cinquième oiseau, accroupi sur le membre viril d'Osiris, du côté droit était l'inscription suivante  , c'est-à-dire le nom

d'Isis déterminé par la déesse, laquelle manque sur le bas-relief de la
première chambre annexe de Sokaris. Quand même j'aurais voulu douter des personnages représentés sur le lit, je n'aurais pu raisonnablement le faire, puisque les Égyptiens eux-mêmes avaient pris à tâche de
prévenir le doute en inscrivant les noms près de chacun des personnages représentés.

Outre ces inscriptions qui sont gravées assez grossièrement et qui
forment un contraste frappant avec celles dont il me reste à parler, il y
en avait quatre autres gravées sur le pourtour du lit et dont les caractères
qui en restaient étaient, eux aussi, rehaussés de blanc. A une époque
dont je ne peux préciser la date, ces inscriptions avaient été si soigneusement martelées dans la .partie principale, celle qui contenait les cartouches du roi qui avait fait graver les inscriptions, que je n'ai pu en
reconnaître que quelques signes non martelés avec autant de soin que

les autres. A la tête du lit : ⟦hiéroglyphes⟧

⟦hiéroglyphes⟧ ; c'est-à-dire : ..... Râ ..... aimé d'Osiris qui
réside chez les Occidentaux, maître d'Abydos, qui donne la vie comme

Râ éternellement. Aux pieds on lisait : ⟦hiéroglyphes⟧

⟦hiéroglyphes⟧ ; c'est-à-dire : le Dieu bon, maître des deux terres,
aimé de *l'Ouvreur de chemins* (c'est-à-dire du chacal), seigneur de la
Terre sainte, qui vit éternellement. Ici *l'Ouvreur de chemins* désigne
la divinité que l'on représente sous la forme ou avec la tête du chacal,
c'est-à-dire Anubis, et cette mention d'Anubis avec les autres personnages faisant partie de la légende d'Osiris confirme ce que raconte l'auteur du traité *De Iside et Osiride* sur la filiation d'Anubis [1]. Sur le côté

droit, on lit : ⟦hiéroglyphes⟧

(1) Anubis était le fruit d'une union nocturne d'Osiris et Nephthys, femme de Set, car
Osiris avait cru posséder Isis en possédant Nephthys : il y avait eu erreur de personne.
De là la haine de Set. Cf. *De Iside et Osiride*, édit. Parthey, p. 24 et 25.

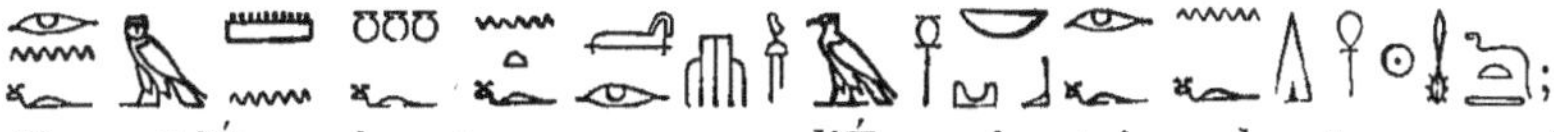

; c'est-à-dire : L'Épervier, taureau . . . . . . l'Épervier triomphant . . . . Râ . . . . il a fait ce sien monument à son père Osiris qui réside chez les Occidentaux, seigneur d'Abydos, afin qu'il lui donne la vie comme Râ éternellement. Sur le côté gauche courait également une inscription horizontale disant :  ; c'est-à-dire : L'Épervier . . . . . . grand . . . . Râ . . . . fils du Soleil. . . . . il a fait ce sien monument à son père Osiris qui réside chez les Occidentaux, seigneur Abydos, afin qu'il lui donne la vie comme Râ éternellement.

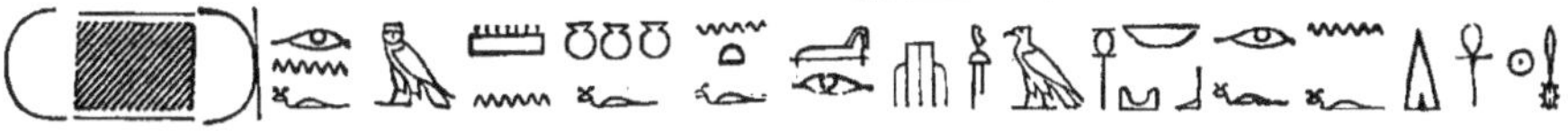

La seule lecture de ces inscriptions montre que, à l'exception de la mention d'Anubis, on ne peut tirer aucun renseignement sur le roi qui conserva ce monument ou qui fit graver cette dédicace sur le lit d'Osiris. Tout a été martelé avec tant de soin dans les parties vraiment intéressantes des inscriptions qu'on n'en peut absolument rien tirer d'utile à la science chronologique. Tout ce qu'on voit, c'est que ce roi avait un prénom dans lequel le signe du soleil entrait, Râ, et c'est tout. Or ce signe entre dans tant de prénoms royaux qu'il est impossible de choisir lequel a fait graver son nom sur ce monument. D'autre part on pourrait peut-être arriver, en considérant le protocole royal, à voir à quel roi il se rapporte ; malheureusement encore, les signes qui ont échappé au martelage sont des signes qui ne donnent aucune indication, car ils entrent presque dans tous les protocoles. J'avais cru tout d'abord que ce protocole était celui de Séti Ier, je l'avais même dit à M. Loret au mois de janvier dernier, alors que seul j'avais vu le monument et c'est de là que le directeur actuel du Service des Antiquités en Égypte a cru pouvoir télégraphier, dans une dépêche officielle adressée au Gouvernement égyptien, que le lit d'Osiris était d'époque ramesside, assertion dont je lui laisse complètement la responsabilité ; mais à la réflexion, quoique le fait fût assez vraisemblable, je vis qu'il était complètement impossible, parce qu'en tenant compte des dimensions des caractères hiéroglyphiques employés dans les inscriptions, le cartouche-nom de Séti Ier exigeait plus de place que ne pouvait en offrir le cartouche présent sur le monument. Mes tentatives ont donc complètement échoué à ce sujet, et je dis tout simplement que je n'ai pas pu trouver le nom du roi qui fit graver cette dédicace.

Maintenant une question se pose : celui qui avait fait graver la dédicace est-il le même que celui qui avait fait sculpter le monument? Il n'est pas rare, en effet, en Égypte de constater qu'un pharaon, qui n'était entré pour rien dans la construction d'un monument, en usurpe le mérite ou la gloire en y faisant graver simplement une dédicace dans le genre et la formule de celles qui précèdent. En a-t-il été de même pour le lit funéraire d'Osiris? Je serais assez tenté de répondre par l'affirmative, et voici les raisons qui pourraient militer en faveur de cette hypothèse. Tout d'abord il y a une grande différence entre la gravure des inscriptions qui se trouvent à côté des personnages représentés et celles qui sont gravées sur le pourtour du lit : quiconque les verra observera que les premières sont grossièrement gravées en comparaison des secondes, lorsque la difficulté était exactement la même. En second lieu, la facture du monument est archaïque au premier chef : les têtes de lions en particulier sont d'un faire tout à fait primitif qui arrive à l'expression cherchée par la seule ligne; il y a une énorme différence entre ces têtes de lions et celles, par exemple, qui sont gravées sur les parois du temple de Médinet-Habou, en pleine époque ramesside, puisqu'on a parlé des Ramessides, si bien que personne. je pense, ne sera tenté de les comparer. En troisième lieu, il suffit d'examiner la forme des insignes que le défunt déifié tient entre ses mains pour voir qu'ils sont faits d'une manière et dans une forme qui ne sont pas de coutume, ou même connues, dans les monuments égyptiens. Le fouet entre autres est fait d'une façon toute spéciale à ce monument : le lecteur pourra le constater lui-même d'après une photographie très bien venue qui a servi pour faire la phototypie qu'il trouvera dans ce volume. Il en faut

donc conclure qu'il y a archaïsme dans le monument, ou tout au moins
recherche d'archaïsme. Je ne déciderai pas la question ; mais je ferai
observer que si le sculpteur avait recherché la forme archaïque des âges
passés depuis longtemps dès son époque, il n'aurait pas sans doute
commis la faute qui a été commise sur le lit d'Osiris et aurait mis les
mains qui tiennent les insignes dont je viens de parler dans l'axe du
corps, c'est-à-dire dans la ligne perpendiculaire tombant du milieu du
visage sur les pieds ; et c'est ce qui n'existe pas dans le lit d'Osiris : les
deux mains ne sont pas au milieu de la poitrine, elles sont reportées
plus à gauche par une de ces inadvertances que l'on ne trouve guère
que chez les primitifs. C'est pourquoi je suis enclin à conclure que les
inscriptions du pourtour du lit sont l'œuvre d'un roi qui a seulement
usurpé le monument, comme on dit, mais qui ne saurait aucunement
en revendiquer la propriété. Mais à quelle époque en placer la facture ?

Tout d'abord je dois dire, malgré la tendance que l'on me prête de
reculer, de propos délibéré, l'âge des monuments que j'ai eu le bonheur
de découvrir, que je n'ai jamais dit et que je ne crois pas que le lit funéraire d'Osiris remonte à l'époque même d'Osiris : j'ai une bonne raison
pour repousser une pareille idée, c'est que je ne crois pas que les
hommes en ce temps fussent capables de trouver un pareil sujet à traiter
par la pierre. Je suis d'avis, mais je préviens le lecteur que mon avis
n'est qu'une pure affaire personnelle, ne reposant sur rien autre chose
que sur la connaissance que je pense avoir des œuvres de sculpture
égyptienne, je suis donc d'avis que le lit d'Osiris remonte à l'Ancien
Empire, le faire des autres époques étant tout différent. C'est tout ce
que je puis dire ; car, si j'allais plus loin, ce serait de la pure fantaisie et
je n'ai pas l'habitude d'en mettre dans mes ouvrages.

Je n'ai pas à faire observer ici combien la présence de ce lit était naturelle dans le tombeau d'Osiris, mais je peux faire une observation qui
vient à l'appui de ce que je viens de dire. Osiris est représenté momifié,
les deux mains sortant de la gaine, et Anubis, le dieu qui préside à
l'embaumement et à la momification, est nommé dans les inscriptions

du pourtour. Or, le corps d'Osiris ne put pas recevoir de momification, parce qu'il n'était pas entier, et la tête que j'ai rencontrée ne portait pas trace de momification. La très grande majorité des tombes que j'ai découvertes à Om el-Ga'ab sont des tombes où il n'y avait pas de cadavres momifiés, mais seulement des cadavres dans la position contractée ; dans les autres je n'ai trouvé que le commencement de momification, ou peut-être les ossements étaient conservés séparément dans de l'étoffe ' et du natron. Par conséquent, si Osiris a été représenté momifié, ce n'a pu être que plus tard, et s'il fallait ajouter une foi aveugle aux moindres détails de l'art, je dirais que ce fut à une époque très ancienne, celle où les habitudes si connues de la momification n'étaient pas encore nées, puisqu'au lieu de représenter Osiris la tête couverte de bandelettes, on l'a représenté la figure apparente et coiffé de la couronne blanche : si l'on m'objectait que ce peut être une représentation purement conventionnelle, je pourrais rétorquer que la convention postérieure vint au contraire de la réalité antérieure.

Tel est ce monument d'une valeur inestimable. Je l'ai cédé à l'Égypte sans aucune contestation, ayant cependant reçu de M. le Directeur de l'administration des fouilles en Égypte la promesse d'un moulage.

Tel est le tombeau d'Osiris en son plan général et en ses particularités intéressantes.

CHAPITRE VI

*RÉFUTATION DES OBJECTIONS FAITES A L'IDENTIFICATION
DU TOMBEAU AVEC CELUI D'OSIRIS EN ABYDOS*

Le 15 avril 1898, j'eus l'honneur d'annoncer officiellement à l'*Académie des Inscriptions et Belles-Lettres* la découverte faite cette année du tombeau d'Osiris au cours de mes fouilles d'Abydos. Ma communication fut écoutée avec une grande attention de la part de tous les membres de l'Académie présents à la séance et, M. Maspero ayant annoncé l'intention de présenter quelques observations sur cette communication, M. le président voulut bien m'inviter à revenir le vendredi suivant pour entendre les observations de M. Maspero et les discuter s'il y avait lieu. Le vendredi 22 avril, je me trouvai au rendez-vous et, quand la séance fut ouverte aux communications des savants étrangers à l'Académie — il était exactement 4 heures — M. Maspero prit la parole et la garda pendant 55 minutes. Il me restait cinq minutes pour répondre à un très grand nombre d'arguments, la plupart en dehors du sujet, un petit nombre visant directement la question dont il s'agissait. Mais la séance fut prolongée extraordinairement pendant un quart d'heure et M. le président Longnon, voyant que j'avais de nouvelles raisons à apporter contre mon très savant adversaire, voulut bien encore m'inviter à revenir à la séance suivante, le 29 avril, pour donner au débat toute l'ampleur qu'il méritait. Ce fut donc dans la séance du 29 avril que se termina une discussion qui n'avait pas fait avancer la question d'un pas, puisque les deux adversaires aux prises maintenaient fermement les idées qu'ils avaient émises. D'ailleurs la discussion étant nécessairement devenue philologique et M. Maspero m'ayant entraîné sur ce terrain, l'Académie n'était peut-être pas l'auditoire désigné pour entendre le débat. Toutefois, une chose a dû paraître clairement à tous les yeux, c'est la parfaite bonne foi que j'apportais dans le débat. M. le secrétaire perpétuel a bien voulu publier ma communication dans le *Compte rendu* des séances de l'Académie, et M. Maspero a fait suivre ma communication d'un abrégé de ses observations. Je dois dire ici que l'abrégé ne reflétait que de fort loin les idées que l'honorable académicien avait émises à la séance du 22 avril, et auxquelles j'avais répondu ce même jour et dans la séance du 29 ; j'ai été à même de faire suivre l'abrégé de M. Maspero d'un autre abrégé de ma réponse, j'ai préféré reprendre ici cette réponse et la donner dans toute son ampleur. Il ne m'en reste pas moins le devoir de remercier publiquement l'Académie des *Inscriptions et Belles-Lettres* d'avoir bien voulu m'écouter pendant trois séances consécutives et en particulier les membres du bureau de l'Académie de la parfaite bonne grâce avec laquelle ils m'ont accordé tout le temps nécessaire à ma réponse.

Je reproduis ici le résumé des observations tel que M. Maspero l'a publié dans le *Compte rendu des séances de l'Académie*, afin que l'auteur ne puisse m'accuser cette fois d'avoir dénaturé sa pensée ou simplement de lui avoir fait perdre de sa valeur en la traduisant dans un style qui n'égale pas le sien. Voici donc le résumé :

« M. Amélineau a découvert un tombeau ou une chapelle funéraire d'Osiris, et la découverte est des plus importantes ; mais j'estime qu'il aurait dû s'en tenir au fait même tel qu'il se présentait, et ne pas y joindre une théorie évhémériste des mieux caractérisées. Je ne puis croire avec lui qu'Osiris a été un roi réel, que Set et Horus ont été des hommes comme Osiris, ayant régné comme lui réellement, et que nous avons les tombeaux où leurs cadavres authentiques ont été déposés, puis adorés lorsque ces personnages devinrent dieux dans un âge postérieur.

« Le peu que M. Amélineau nous a dit lui-même de l'apparence montre que le monument appartient, par la construction et par la disposition,

aux mêmes temps que les tombeaux environnants. Or ceux-ci ne nous
ont rendu jusqu'à présent que des noms de rois ayant appartenu aux trois
premières dynasties manéthoniennes : le plus ancien est un Manou, qui
est un Ménès répondant peut-être au Ménès légendaire ; le plus moderne paraît être ce roi Hor-Set Khâsokhmoui, en qui M. Amélineau
veut reconnaître les deux dieux Horus et Set, et que la façon dont il est
associé à la reine Hapounimâït nous engage à ranger parmi les derniers
souverains de la III⁰ dynastie. La construction du monument consacré
aujourd'hui à Osiris doit donc vraisemblablement se placer entre ces
deux termes : commencement de la première, fin de la III⁰ dynastie, et
comme les édifices les plus rapprochés sont ceux des rois Pirsenou et
Danou de la III⁰ dynastie, il y a des chances pour que le tombeau puisse
être classé plutôt dans la III⁰ ou dans la II⁰ que dans la I⁰ dynastie. Je
suis porté, pour ma part, à penser que c'était un sépulcre royal qui fut
transformé plus tard en sépulcre divin. Peut-être le roi qui l'occupait
portait-il un nom qui prêtait au rapprochement avec celui d'Osiris : l'Ouénéphès, Ouénéphrès de la I⁰ dynastie, dont le nom est une transcription
fort exacte de celui d'Ouonnofriou, Ouonnofiri, attribué à Osiris-roi,
pourrait entrer en ligne de compte. Sans insister sur cette conjecture,
on agira prudemment si l'on admet que le tombeau d'Osiris des dynasties thébaines a pu être à l'origine le tombeau d'un souverain des dynasties thinites.

« Le lit qu'il contient et qui représente Osiris mort est-il ancien ? Tous
ceux qui ont pu en juger directement, sauf M. Amélineau, pensent qu'il
n'est pas antérieur à la XVIII⁰ dynastie. Après avoir vu les photographies, je me suis demandé s'il n'y avait pas lieu d'en reculer la date jusqu'au Moyen Empire ; c'est là toutefois une question qui ne devra être
tranchée qu'après une étude attentive de l'original. La forme du protocole royal gravé sur l'objet empêche qu'on puisse le reculer au delà de
cette date. L'important maintenant, c'est de livrer l'ensemble de la trouvaille au public le plutôt qu'il sera possible. La science ne gagne rien
aux retards apportés dans la publication des monuments, et les savants
qui ont fait une découverte y gagnent rarement quelque chose. Une

partie des résultats des fouilles antérieures a été mise au jour par
M. Sethe, par M. Spiegelberg, par M. de Morgan, par M. Wiedemann, par
M. de Bissing, par d'autres encore, et ceux de cette année sont trop curieux pour qu'on puisse les défendre longtemps contre les égyptologues européens ; si M. Amélineau n'y prend garde, il ne lui restera
bientôt plus du travail considérable qu'il vient d'accomplir que la propriété exclusive des théories douteuses sur l'humanité d'Osiris, de Set
et d'Horus. »

Tel est, le résumé des observations présentées par M. Maspero ;
mais il a omis dans ce résumé quantité de choses qu'il a prononcées
et sur lesquelles je dois revenir ici, ne serait-ce que pour réfuter des
objections sans nom d'auteur, si M. Maspero en renie la paternité.
Auparavant, je dois faire ici une observation qui a son importance. Il
est assez étonnant que M. Maspero parle de mes découvertes comme
s'il en connaissait les résultats : or, il n'a jamais vu un seul des monuments ou simplement des objets que j'ai découverts, et cela parce
qu'il m'a refusé de les voir. A la séance du 21 avril 1898, alors qu'il se
rendait au tableau pour écrire l'un de ces noms de *doubles* que
j'ai rencontrés à Om el-Ga'ab, je lui ai offert le monument que j'avais
apporté à la séance de l'Académie et il m'a répondu qu'il n'en avait aucun
besoin, car il l'avait. En effet, il se rendit au tableau, écrivit le nom de
double tel que l'a publié M. Jéquier[1], en se félicitant d'avoir pu le re-
construire malgré les fautes admises par M. Jéquier et il écrivit un nom
dans lequel sur huit signes qui le composaient il y en avait quatre qui
ne se retrouvaient pas sur le bouchon en question, car c'était un bouchon. Lorsque je lui fis, à la séance du 29, remarquer ce fait, il me répondit que ce n'était pas sur la publication de M. Jéquier qu'il s'était appuyé,
mais sur la trouvaille de ce nom de *double* par M. Quibell, à El-Kab.
Ayant eu depuis l'occasion de voir un jeune savant allemand fort connu,
M. Max Müller, professeur à l'Université de Philadelphie, je lui demandai, comme il arrivait de Londres, s'il avait vu le nom de *double* décou-

(1) Cf. J. de Morgan, *Recherches sur les origines de l'Égypte. Ethnographie préhistorique et tombeau royal de Négadah*, p. 243.

vert par M. Quibell. Il me répondit qu'il avait été complètement renseigné à ce sujet, non par M. Quibell lui-même qu'il n'avait pas vu,
mais par M. Flinders Petrie dont, lors des fouilles à Ballas et à Neggadeh, M. Quibell avait été le compagnon et qui était fort au courant des
trouvailles d'El-Kab. M. Max Müller m'écrivit le nom et c'était bien
celui que M. Maspero avait écrit au tableau. Afin d'avoir le cœur net à
ce sujet, j'écrivis moi-même à M. Quibell par l'entremise de M. Flinders
Petrie et je dois tenir ici compte de la réponse que j'en ai reçue. Si le
nom de *double* est bien tel que le lisent MM. Flinders Petrie, Max Müller et le fouilleur lui-même, M. Quibell, il n'y a pas autre chose à dire,
sinon que ce n'est pas le même que celui que j'ai trouvé à Abydos. En
tout cas, si M. Maspero avait consenti à voir le monument que je lui
offrais de voir, tout comme je lui ai offert à trois reprises différentes de
voir les objets rapportés d'Égypte, il se serait épargné la peine d'établir
une discussion en l'air, ou bien il aurait été autrement armé pour me
démontrer que je me trompais. Cette conduite de la part d'un homme
aussi considérable dans notre science que M. Maspero me parait plus
qu'étrange : il peut avoir certaines choses à me reprocher, mais il n'en
a certainement aucune à reprocher à des objets et des monuments qui
ne lui ont rien fait et qui n'ont peut-être d'autre tort à ses yeux que
celui d'avoir été découverts pendant les fouilles que j'ai dirigées. Toutefois, je dois le remercier ici d'avoir cette année reconnu l'importance
de ces fouilles et de ne les avoir plus traitées comme une non valeur.
Cette observation faite, j'arrive à la discussion.

Au fond la grande question qui domine tout le sujet consiste à savoir
si, oui ou non, j'ai réellement découvert les dynasties des Mânes, c'est-
à-dire celles qui ont précédé la première des dynasties manéthoniennes.
Je ne veux pas reprendre ici les arguments que j'ai donnés dans ma
première brochure en vue de prouver, non pas que la découverte était
réelle, mais simplement possible[1]; j'ai simplement à constater les progrès que la question a faits depuis lors. Ces progrès ont été faits par

(1) *Les nouvelles fouilles d'Abydos*, Angers, 1896, p. 44-46.

deux jeunes savants allemands, M. Sethe à Berlin et M. Borchardt au Caire. Ayant eu l'occasion de communiquer à M. Erman, le directeur du Musée égyptien de Berlin, toutes les photographies qui avaient été prises des monuments découverts la première année de mes fouilles dans la nécropole d'Abydos, il me demanda si j'autoriserais la publication d'une observation faite en son Musée sur deux ou trois de ces monuments. Après quelques hésitations, j'autorisai la publication et M. Sethe écrivit un article dans la *Zeitschrift für ægyptische Sprache* dont il donna la primeur au Congrès des Orientalistes tenu à Paris en septembre 1897. Dans l'article en question, il annonçait qu'il avait lu écrit sur un fragment de vase le nom de Merbapen, le sixième roi de la première dynastie de Manéthon, écrit par le prêtre de Sebennytos Miebiïs, Miabaïspou par Ératosthène. Le fragment de vase en effet contient les signes suivants : , ce qui équivaut sans doute à l'orthographe employée par la table d'Abydos où le roi occupe également la sixième place : [1]. M. Sethe a cru retrouver dans une autre inscription le nom du roi Hesepeti, et dans un troisième fragment celui de Semen-ptah, le cinquième et le septième roi de la première dynastie. D'ailleurs qu'il ait, ou non, lu avec certitude trois noms royaux appartenant à la première dynastie, peu importe pour mon raisonnement qui n'en sera pas moins vrai s'il s'agit d'un seul roi que s'il s'agit de trois, quoiqu'il doive acquérir plus de force encore, si réellement il s'agit de trois noms royaux appartenant à la première dynastie, surtout lorsque les deux derniers occupent le cinquième et le septième rang dans la liste des rois de la première dynastie d'après Manéthon, comme dans la table d'Abydos. Or, si j'ai accordé la publication de ce nom que je n'avais pas su reconnaître, je le dis franchement, à cause de la forme du signe qui m'était inconnue, je n'ai communiqué à personne le journal où je notais chaque jour les particularités de mes découvertes. Il importe beaucoup de connaître ces dé-

---

(1) *Die ältesten geschichtlichen Denkmæler der Ægypter* (von Kurt Sethe); Auszug aus der *Zeitschrift für Aegyptische Sprache*, XXXV Band, p. 2.

tails avant d'exprimer un jugement et personne ne les connaît encore que
moi. Ce qu'il y a de bien certain, c'est que j'ai rencontré ces inscriptions
gravées sur des fragments de vase, que ces inscriptions sont complètes
et que ces fragments ont été trouvés sur le second plateau d'Om el-Ga'ab,
dans des tombeaux des plus petits, non loin des tombeaux royaux que j'ai
trouvés sur ce plateau au nombre de quatre. Par conséquent, ces fragments n'ont pas été trouvés dans les tombeaux des possesseurs et j'ajoute
même que s'ils eussent été dans le tombeau des possesseurs, ils n'auraient pas été écrits de la sorte, car je continue toujours de croire, surtout
maintenant, que les noms de *doubles* de ces antiques rois sont les noms
réels qu'ils ont portés, puisque j'ai rencontré cette année le nom de l'un
de ces vieux rois écrit dans le rectangle des noms de *doubles* surmonté de
l'animal typhonien et que ce même nom se trouve écrit dans l'enroule-
ment ellipsoïdal qu'on désigne sous le nom de cartouche sur une stèle
du Musée de Gizeh, à savoir la stèle de Scheri.

Je le demande maintenant avec toute confiance à tous les hommes de
bonne foi qui voudront sérieusement examiner la question, que venaient
faire à Om el-Ga'ab ces trois rois de la première dynastie? Deux réponses
sont seulement possibles, car il s'agit d'objets vraiment royaux : ou ces
rois étaient enterrés en cet endroit, ou ils y étaient venus pour rendre l'un
quelconque des actes du culte funéraire à leurs prédécesseurs, car on con-
viendra qu'il ne leur eût pas été facile de faire ces actes en honneur de
leurs successeurs. La première hypothèse étant impossible pour la raison
que je viens de donner, il ne reste de possible et de vraie que la seconde.

M. Borchardt a fait encore mieux que M. Sethe, en ce sens qu'il a cru
lire le nom du premier roi de la première dynastie sur une plaquette
d'ivoire trouvée par M. de Morgan dans le tombeau royal de Neggadeh
et qui a été publiée par lui dans le second volume de ses *Origines de
l'Égypte*[1]. Le dessin qui en a été donné dans l'ouvrage de M. de Morgan
n'a pas suffi à M. Borchardt qui l'a photographié, et dans le signe qui se
trouve au bas de la grande salle figurée à l'extrémité supérieure de

____

(1) De Morgan, *Recherches sur les origines de l'Égypte*, t. II, p. 167.

droite, sous les titres 𓏏𓏏, il a lu le nom de Ménès écrit par le dernier qui se fait ordinairement ▭ [1]. Comme le nom de *double* se trouve à gauche de cette salle et qu'on le lit *Aha*, il a cru pouvoir en conclure que le roi Ménès avait pour nom de double *Aha* et, si j'en crois un numéro de la *Gazette de Cologne* qui a résumé la communication lue au nom de M. Borchardt à l'Académie des sciences de Berlin, que le monument découvert par M. de Morgan était le tombeau de Ménès [2]. Je n'admets pas pour ma part cette lecture ni ces conclusions, et cela pour les raisons suivantes : le nom de Ménès ne peut s'écrire seulement par

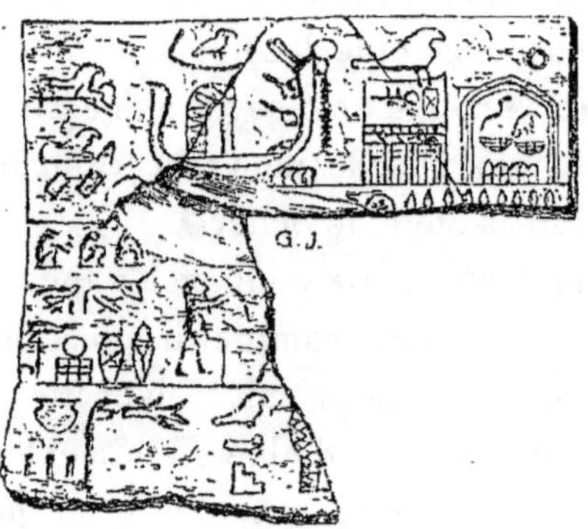

Plaquette d'ivoire portant la bannière royale. Grandeur naturelle.
(Dessin de M. G. Jéquier.)

le damier, car il y a un autre élément composant ce nom que la table d'Abydos rend par 𓏲, le papyrus de Turin par 𓏲𓈖 ou par 𓏲𓂝 et qu'on retrouve au *Livre des Rois* de Lepsius écrit par 𓈖 simplement [3]. Cet élément me semble essentiel au nom dont les Grecs ont fait Ménès. Une seule fois on a trouvé ce nom écrit ▭, cela sur la stèle 421 du Louvre, stèle provenant du Sérapéum de Memphis, par conséquent de très basse

(1) On trouvera le signe réel sur la reproduction de ce monument que je joins ici.

(2) *Kölnische Zeitung*, janvier 1898. Je ne sais pas le jour, parce que je n'ai connu le fait que par un envoi de coupure fait par un de mes amis.

(3) *Königsbuch*, I, *b*.

époque, et M. de Rougé qui, a le premier attiré l'attention sur cette stèle,
prend soin de faire observer que le graveur avait laissé la place pour un
troisième signe qui n'a jamais été gravé [1], ce dont on ne tient pas compte
aujourd'hui. Pour toutes ces raisons je n'admets pas l'identification du
mot *men* qu'a lu M. Borchardt avec le nom de Ménès, et le rejet de cette
identification entraîne logiquement le rejet de la seconde conclusion
de M. Borchardt, à savoir que le nom de *double Aha* était le nom de
double de Ménès, et aussi de la troisième, à savoir que le tombeau de
Ménès se trouvait à Neggadeh. Mais je dois ajouter que ce rejet des
conclusions de M. Borchardt m'est purement personnel, que d'autres
l'ont sans doute adopté et je suis obligé d'en tenir compte. Or, si j'en
tiens compte, en supposant pour un moment qu'il s'agit bien de Ménès,
j'ai moi-même trouvé à Abydos ce nom de *double* plus d'une vingtaine
de fois, la première année de mes fouilles et cette année même : comment donc se trouvait-il à Abydos? Si c'était son tombeau que M. de
Morgan a rencontré à Neggadeh — ce que je crois complètement impossible — comment encore une fois se fait-il que j'ai rencontré son nom
à Om el-Ga'ab près du tombeau d'Osiris, parmi les décombres qui recouvraient cet important monument? Il n'y a qu'une seule réponse à
faire, le roi Ménès était venu à Abydos pour faire les actes du culte funéraire à quelque mort de qualité, et, comme de toute nécessité il faut
que le défunt ait précédé Ménès dans la mort, il faut bien avouer qu'a-
vant Ménès il y avait eu d'autres rois ayant régné sur l'Égypte. Ce sont
précisément ces rois antiques dont je crois avoir retrouvé les monuments. Aux arguments que j'ai déjà donnés et montrant que les auteurs
grecs nous avaient conservé la mention de ces rois qu'ils n'avaient pas
voulu enregistrer, je peux ajouter ici qu'un monument égyptien, historique au premier chef, le papyrus de Turin qui contenait toute la suite
des dynasties égyptiennes jusqu'à l'époque des Ramessides, parle lui-
même d'hommes remontant à une très haute antiquité, ayant précédé

---

(1) E. de Rougé, *Recherches sur les monuments qu'on peut attribuer aux six premières
dynasties de Manéthon*, p. 31.

les dynasties historiques et qu'il appelle les *Suivants de Horus* [hiéroglyphes][1]. Il n'y a donc aucune absurdité manifeste à admettre que Ménès ait eu des prédécesseurs : ce serait le contraire qui serait manifestement absurde[2].

Je crois donc toujours et plus que jamais avoir retrouvé la première année les dynasties des *Mânes* et je dois parler à ce sujet d'un tombeau que j'ai mis au jour cette année et dans lequel étaient quantité de monuments, tous au nom d'un roi appelé Perabsen. Ce roi n'était connu que par la stèle de Scheri qui est à Gizeh, laquelle dit que Scheri était prêtre de Perabsen en même temps que celui de Sent qui, dans la table d'Abydos, tient le cinquième rang parmi les rois de la seconde dynastie ; c'est pour cette raison que certains savants ont placé Perabsen immédiatement après le roi Sent que Manéthon appelle Séthénès. Sur les bouchons que j'ai rencontrés en grande quantité le nom de ce roi est écrit [hiéroglyphes], avec l'animal typhonien au-dessus du rectangle de la maison, au lieu de l'épervier ordinaire. Dans la première brochure que j'ai publiée sur les fouilles d'Abydos en 1895-1896, j'avais dit, parlant de la théorie de M. Fl. Petrie sur ce qu'on appelait la bannière royale, théorie acceptée par M. Maspero et qui me semble répondre à l'idée égyptienne : « Elle fait clairement entendre que le double royal avait son nom et sa demeure, et rien ne vient prouver et même faire supposer qu'à cette époque il faille ou que l'on puisse admettre que le *double* avait un nom différent de la personne[3]. » A propos de cette phrase, M. Maspero dans la *Revue critique* a écrit la critique suivante : « Je recommande surtout aux égyptologues une assez longue dissertation[4]

(1) De Rougé, *Recherches sur les monuments appartenant aux six premières dynasties de Manéthon*, p. 12, note 1.

(2) On s'obstine à vouloir trouver à Abydos les tombes des rois des deux premières dynasties, sous prétexte qu'elles étaient originaires de Thinis ; mais la cinquième était originaire d'Éléphantine et elle est enterrée à Saqqarah. Il faudrait au moins chercher si la nécropole de Memphis ne contient point en quelque coin ignoré ces tombes qu'on n'a point trouvées ailleurs.

(3) E. Amélineau, *Les nouvelles fouilles d'Abydos*, Angers, 1896, p. 42.

(4) La dissertation compte en tout 37 lignes, dont 9 sont une citation de M. Maspero : elle se réduit donc à 28 lignes. Cf. *ibid.*, p. 41 et 42.

sur les noms de bannière des Pharaons, où M. Amélineau, faute de s'être
reporté aux documents originaux, a confondu avec ces noms mystiques
qui sont enfermés dans un rectangle, le nom et le cartouche de quatre
barons thébains de la XIᵉ dynastie : une méprise de Brugsch-Bouriant
dans le *Livre des Rois* lui a fait identifier l'épervier qu'on voit au dessus
du rectangle, avec le titre particulier d'*Horou, Horou tapi*, qui appartient en propre à ces quatre personnages[1]. Il voit là une preuve[2] qu'aux
temps où il se place, le *double* du mort n'avait pas un nom différent de
celui de la personne, par suite que les *noms de doubles* par lui signalés
sont les noms réels des rois qui les portaient, ce qui nous rejetterait dans
une antiquité très reculée : c'est toute une histoire échafaudée à grands
renforts de phrases, et sans autre appui qu'une faute d'attention ou d'im-

(1) Voici mes paroles : « Les rois dont le nom est gravé dans ces bannières ont leur titre
de Horus ; mais ce nom est-il un emblème, un titre réel et le nom est-il bien celui d'un
personnage ? Ce n'est pas un emblème, c'est un titre réel et le nom est peut-être celui
d'un personnage. Je vais le prouver de mon mieux. On a dit que le titre de Horus ne se
transcrit jamais seul : il me semble cependant qu'il y a des exemples célèbres, même à
des époques beaucoup plus rapprochées du nous, même sous cette XIᵉ dynastie dont il
a été si souvent question dans les dernières pages. « Le premier des princes fondateurs de
la XIᵉ dynastie dont nous sachions le nom, Entef Iᵉʳ, n'avait pas droit au cartouche : il
était simplement noble (*erpà*) sans plus de titres que les autres chefs des grandes familles
égyptiennes. Son fils Montouhoptou Iᵉʳ, tout en prenant le cartouche, n'est encore qu'un
Hor, souverain partiel, chef des pays du sud sous la suzeraineté des rois légitimes. Trois
générations après lui, Entouf IV rompit le dernier lien de vasselage et se fit appeler
le *Dieu Bon*, maître des deux pays. » Qui parle ainsi ? M. Maspero. Par conséquent, on
peut trouver avec le nom de Horus le nom véritable porté par le prince, et, de fait, les
quatre premiers rois de la XIᵉ dynastie, sans compter le fondateur qui avait seulement
le titre d'*erpà*, ont simplement le titre de Horus et leur nom inscrit dans le cartouche :
ce sont Montouhotep Iᵉʳ et trois Antef. Mais c'est un cartouche et je n'ai pas de cartouche,
j'ai seulement des bannières royales ou des demeures de *doubles*. Or, c'est ici que la
découverte de M. Flinders Petrie, acceptée par M. Maspero, a son poids et sa valeur. »
Puis viennent les quelques lignes que j'ai reproduites dans le texte (cf. E. Amélineau,
Les nouvelles fouilles d'Abydos, Angers, 1896, p. 41 et 42). Le lecteur sera peut-être
étonné qu'il ne soit nullement question du *Livre des Rois* publiés par MM. Brugsch et
Bouriant, que je n'aie nullement fait allusion à ce titre de *Horou tapi* dont parle M. Maspero, car je n'ai guère fait que citer des paroles que M. Maspero avait imprimées dans la
quatrième édition de son *Histoire ancienne des peuples de l'Orient*, p. 91 et 92, et que
loin de voir une *preuve* de ma théorie dans les raisons que j'ai fait valoir, je n'y ai vu
qu'une raison de dire que *peut-être* il en était ainsi.

(2) Cette preuve se traduit simplement par un timide *peut-être*.

pression dans une livre de seconde main[1]. » Eh bien ! les égyptologues peuvent être maintenant édifiés sur la question de savoir si le nom enfermé dans le rectangle représentant la maison du *double* pouvait être le même que le nom renfermé dans le cartouche : les bouchons de Perabsen se chargent de répondre pour moi et d'infliger à M. Maspero un cruel démenti. Lequel avait raison? de lui qui se moquait de ma théorie, ou moi qui disais que *peut-être* la chose était possible? Il n'y a plus de doute à avoir.

Il résulte donc de ce qui précède que les premières dynasties égyptiennes furent précédées d'autres dynasties plus anciennes, que les historiens grecs et égyptiens les ont également mentionnées sans prendre le soin de les cataloguer et que j'ai retrouvé des tombeaux que tout concorde à démontrer avoir été les tombeaux de ces princes antiques. Ces dynasties des Mânes elles-mêmes, au dire de la tradition égyptienne, des livres égyptiens, de tout l'ensemble des rites du culte égyptien et des données de la religion égyptienne, ce qui constitue une nuée imposante de témoignages, pour emprunter une parole célèbre, ces dynasties des Mânes, dis-je, avaient elles-mêmes été précédées de deux autres dynasties auxquelles on applique l'épithète de *divines* dont les rois étaient devenus ensuite les dieux principaux de l'Égypte. Un grand nombre d'égyptologues ayant déclaré que les deux premières dynasties étaient simplement mythiques, il n'était guère probable qu'ils acceptassent que j'eusse trouvé les dynasties des Mânes et qu'ils acceptent que j'aie trouvé deux tombes renfermant les trois derniers pharaons de la seconde des dynasties divines, à savoir Osiris, Set et Horus. En publiant la seconde brochure sur mes fouilles, j'avais moi-même méconnu le monument que j'avais découvert[1], et j'ai expliqué à l'*Académie des Inscriptions et Belles-Lettres* quelles ont été les causes de mon erreur : je ne songeais qu'aux dynasties des Mânes et aux dynasties historiques, ne me sentant nullement le courage d'aller jusqu'aux dynasties divines. Mais dès que j'eus découvert le tombeau

----

(1) E. Amélineau, *Les nouvelles fouilles d'Abydos*, 1896-1897, p. 64

d'Osiris, je vis quel était le monument que j'avais découvert pendant l'hiver 1896-1897 et je l'annonçai dans le *Journal égyptien*[1]. Toute la discussion qui eut lieu par-devant les membres de l'*Académie des Inscriptions et Belles-Lettres* pivota autour de ce tombeau et surtout autour d'une inscription que j'avais trouvée dans le tombeau de Set et de Horus[2]. Cette inscription avec d'autres ont été publiées par M. Jéquier dans le second volume des *Recherches sur les origines de l'Égypte* de M. de Morgan et, je dois le dire, ont été très mal publiées, car elles sont très loin d'être exactes. Je reproduis ici photographiquement les principaux des monuments que j'ai trouvés dans le tombeau de Set et de Horus, afin que le lecteur puisse suivre les détails de cette démonstration. M. Maspero avait été le premier à faire observer que les monuments publiés par M. Jéquier l'avaient été fort mal[3], et, comme en ce débat, il ne saurait y avoir trop de clarté, je citerai les paroles qu'il écrivit dans la *Revue critique* à propos de ma seconde brochure : « Il serait très difficile d'apprécier la valeur de ces affirmations si M. Amélineau n'avait pas autorisé M. Jéquier à publier, dans le nouvel ouvrage de M. de Morgan, une partie des inscriptions incisées sur les objets provenant de ce tombeau. On les y voit aux pages 243-244, 253, et elles sont significatives. Elles donnent un nom de bannière, dont on a deux variantes, l'une simple de trois signes, l'autre plus complexe, où les trois signes primitifs sont complétés par cinq autres signes enfermés comme eux dans le rectangle habituel. Fait capital, mais auquel aucun des égyptologues qui ont manié ces documents ne paraît avoir accordé l'attention qu'il mérite, le rectangle n'est pas surmonté de l'épervier seul, mais de l'épervier et de l'animal typhonien debout, tantôt se suivant, tantôt s'affrontant, la tête nue, ou coiffée du pschent. Le roi en question n'est donc pas seulement un Horus comme la majorité de ses confrères ; il est

---

(1) *Journal égyptien*, février 1898.

(2) M. Maspero a dit à l'Académie des *Inscriptions et Belles-Lettres* que tous les égyptologues étaient contre moi ; je lui ai répondu en nommant les principaux d'entre eux qui sont au contraire bien plus en ma faveur que pour lui.

(3) *Revue critique*, 13 décembre 1897.

un Horus et un Sît, c'est-à dire qu'il réunit en sa personne les deux divinités du Midi et du Nord, Horus et Sît, ou, comme les Égyptiens les appelaient par abréviation, les *deux Horus* (*Haroui*). C'est une idée que nous retrouvons exprimée sur les monuments de l'Empire memphite et qui explique, comme E. de Rougé l'avait su montrer avec son esprit ordinaire de divination, le titre des reines *Celle qui voit son Horus et son Sît*, celle qui voit familièrement celui qui réunit en lui Horus et Sît; ce qu'il y a de nouveau ici, c'est l'emploi de cette conception pour caractériser le nom de bannière du roi d'Abydos. Le petit monument cité par M. Amélineau nous montre, en effet, l'*homme au rouleau*, le prêtre en chef de ce souverain, qualifié Homme au rouleau en chef de l'Horoui (*sic*), c'est-à-dire du double Horus, du roi qui est à la fois Horus et Sît. La lecture des signes prête à quelque doute. Le premier n'est pas un *t*, ni les deux suivants ne forment un *i*, comme le voudrait M. Amélineau, afin de lire *Ti*. Mais le premier est certainement l'hiéroglyphe *khâ* qui signifie *se lever, paraitre*, en parlant du soleil, par exemple; on le voit nettement sur la figure 820, et un examen minutieux le fera retrouver sur quelqu'une des figures 816, 817, 818. Les deux signes suivants que M. Jéquier représente par deux barres verticales, ont probablement quelque particularité qu'on distinguerait sur les originaux, et je soupçonne qu'ils figurent les deux sceptres *Sakhamou*. Il me semble que le nom le plus court peut se lire avec doute Kha-Sakhamoui, *le lever des deux types divins*, et la version la plus longue complète cette idée par les mots Hotpou Haroui am (? plutôt her, *la face* mais les fac-similés ne sont pas irréprochables) f, *en lequel* (ou *auquel*) *les deux Horus se posent, se joignent, s'unissent*. Comme toujours, la formule accessoire développe l'idée exprimée par le nom : les *deux types* sont les deux dieux figurés, Horus et Sît, dont le roi déclare être *le lever* Kha, et, pour plus de clarté, la glose répète la même notion, Kha-Sakhamoui, *auquel les deux Horus sont unis*. En tout cas on voit que les *deux dieux* sont bien deux dieux réels, et non pas, comme M. Amélineau l'imaginait, deux rois divinisés dont l'un s'appelait peut-être *Ti*.

« La place de ce roi? Autant qu'on en peut juger par les copies de

M. Jéquier, la physionomie des objets est relativement récente; c'est, avec la différence des localités, le même style d'hiéroglyphes et le même genre de formules que dans les premiers tombeaux memphites connus, disons dans celui d'Amten, qui date de Sanofroui (III°-IV° dynasties). Les six légendes qu'on voit dans l'ouvrage de M. de Morgan étaient gravées sur des cylindres appartenant à des gens attachés au culte ou à la personne du roi déposé dans le tombeau : on n'en a guère que des empreintes naturellement plus planes que ne devait être le dessin original. Sur le premier (n° 810) on aperçoit le dieu Harmakhis, avec son nom écrit au dessous de sa tête, puis deux noms dè bannière alternant avec la terre Ad-miri Horou Touaou Baîou, *Curateur du vignoble muré* (qui se nomme) *Horus adoration des âmes*; M. Jéquier voudrait voir ici le cartouche du roi qui se serait appelé Noutirbaiou et serait identique au roi de ce nom qu'on trouve dans la seconde dynastie. La figure n° 817 donne, avec le nom d'Amentit, la déesse de l'Ouest, parmi plusieurs titres mutilés un au moins qui est fort lisible, Pa-hir-ouotbou..... *maison du maître d'hôtel*. Sur la figure 818, nouveaux titres mutilés, mais renfermant des parties très lisibles, entre autres le mot *zaoufou*, provisions. Sur la figure 819, nous avons, avec l'image du dieu *Shou qui donne sa vie et sa puissance à l'Horus-Sit Khâsakhmoui (sic)*, la mention à demi effacée du chef du vignoble funéraire. La figure 820 donne le sceau d'office d'un *enregistreur de tous les biens* du roi, *chargé de l'approvisionnement de la maison royale, Pa-souton zer (?) zoufaou*. La figure 821 (au lieu de 121) est sans contredit la plus importante de toutes. Le personnage nommé est une femme, comme le prouve l'emploi du pronom féminin *s*, « elle », et de fait le nom Hâpou-ni-maît qu'on y lit s'applique à une femme. Le personnage possesseur du sceau était *celui qui menuise toutes les choses qu'on fait à cette femme*, Shodît (? aqahou-tot) khîtou-nibou iri (?) nas, *l'attaché à l'atelier de charpente de l'enfant royal*, nîtti (? sahou) ou kharit m souton-mosou. Ce qui fait l'intérêt du document, c'est le nom de la femme. Une Hâpou-ni-maït était mère d'un des derniers rois de la III° dynastie, et se trouve mentionnée sous Sanofroui, comme *mère de roi*, dans l'inscription d'Amten : peut-être était-elle la mère de Sanofroui, la femme de son prédécesseur immédiat Houni, ou du prédécesseur de celui-ci. Serait-ce la même femme qui' serait mentionnée ici? Le nom est rare et je suis fortement tenté de le croire : le prince au tombeau de qui un, des officiers de cette reine intervient serait alors probablement le mari, moins probablement le père, Houni, au lieu de ses prédécesseurs immédiats. Je n'insiste pas, n'ayant pas assez de documents sous les yeux, mais je pense que, même si l'on écarte ce rapprochement, l'examen des titres et la paléographie des empreintes nous forcent à descendre vers une époque très voisine de Houni. Le roi du tombeau découvert par M. Amélineau serait de la fin de la III⁰ dynastie. Je ne puis exprimer cette opinion qu'à titre de conjecture : pour m'avancer plus loin, il me faudrait être en Égypte en face des monuments mêmes, et je ne puis y être.

« La plupart des autres rois d'Abydos paraissent être antérieurs d'assez peu, si j'en juge par le style des objets dessinés par M. Jéquier. On a le titre *âd-miri*, curateur du vignoble funéraire sous le roi Douni [1] (fig. 784, 785, 786), comme sous le roi *Azou-abou* (fig. 784), puis ce titre d'*âd-miri* avec le grade de *Sabou* (fig. 786), sans parler des noms des individus. Je tendrai donc à échelonner ces souverains dans la III⁰, puis dans la II⁰ dynastie, mais sous bénéfice d'inventaire ; car, ici encore, il faudrait avoir les monuments sous les yeux pour émettre un jugement ferme, et je ne les ai pas. Le tombeau de Nagadah me paraît plus ancien que ceux d'Abydos ; M. Jéquier se demande s'il ne doit pas y voir la sépulture d'un roi de la II⁰ dynastie, Ousaphaïdos [2] (p. 259-260). La lecture de M. Jéquier est inexacte : ce n'est pas le signe *hesep* que l'on lit, mais le *damier*, le signe *men*, qui entre dans le nom de Ménès. Est-ce *un* Ménès qui était enterré à Nagadeh ou *le* Ménès auquel la tradition attribuait le n° 1 dans la liste des rois d'Égypte ? Ceux qui ont les monuments sous les yeux pourront seuls décider la question, s'il y a

(1) C'est le roi que j'ai appelé *Ad-ab* et le premier le roi *Den*. Je constate avec plaisir que M. Maspero se sert maintenant des noms de bannières comme des noms véritables, ainsi que je l'avais fait et dit.

(2) Ousaphaïs n'est pas un roi de la II⁰, mais de la I⁰ᵉ dynastie.

lieu[1]. En tout cas, la plaquette d'ivoire représente l'intérieur d'une chambre funéraire avec le mobilier et les cérémonies du sacrifice en plusieurs registres. Au premier registre, la stèle, ou plutôt le petit obélisque type du cartouche, avec la légende, *le roi du Nord et du Sud*, MANI[2], puis l'image du nom du double HOROU-AHOUI. l'Horus guerrier, l'Horus mâle ; derrière, la barque de Sokaris, puis deux sphinx hiéracocéphales. Les *trois autruches* où M. Jéquier pensait trouver peut-être le nom, sont le mot BIOU[3], les âmes ; BIOU-HOROU AHOUI, *les âmes de l'Horus guerrier* (fig. 558). Je m'arrête : on voit l'étendue et l'importance du champ d'études que les découvertes de ces dernières années ouvrent devant nous. Je souhaite que le résultat en soit publié promptement, surtout qu'elles soient poursuivies par des hommes capables de lire les inscriptions et de déterminer la nature des objets à mesure qu'ils les tirent de terre[4]. »

Telle est cette longue critique que j'ai tenu à citer tout entière, sauf le commencement. Avant de la discuter point par point pour ce qui me regarde, car M. Maspero l'a reproduite à peu près mot par mot dans les observations verbales qu'il a présentées lors de ma communication à l'*Académie des Inscriptions et Belles-Lettres*, je dois faire un certain nombre d'observations préliminaires. J'ai déjà dit que M. Maspero avait été à même de voir les monuments que j'ai apportés d'Égypte et qu'il a refusé de venir les voir : il aurait peut-être désiré que je me dérangeasse pour les lui porter ; mais le moyen de me charger de mo-

(1) M. Maspero met en note : « J'apprends, après coup, que M. Borchardt lit aussi le nom de Ménès. Est-ce d'après le monument reproduit dans l'*Ethnographie*, ou d'après d'autres monuments que je ne connais point et qui se trouvent au Musée de Gizeh ? De toute façon l'interprétation à laquelle M. Borchardt est arrivé de son côté, m'encourage à persévérer dans la mienne. » Il est malheureux que celui qui a si bien renseigné M. Maspero ne lui ait pas dit en même temps que c'était bien sur le même monument. Or, M. Borchardt avait fait sa découverte dès le 15 novembre au plus tard, et c'est bien à lui qu'en revient l'honneur, si c'est un honneur d'avoir fait une hypothèse que je crois instable.

(2) M. Maspero, qui a bouleversé toute la phonétique égyptienne, change ici ses propres transcriptions en lisant *Mani* un nom qu'il avait toujours lu Mîni et qui se lisait Mîna.

(3) M. Maspero écrit au commencement de cet article *Baiou* (voir plus haut) et ici *Biou*.

(4) *Revue critique*, 13 décembre 1897, p. 438-440.

numents qui pèsent deux cents ou trois cents kilos ? Il est donc mal
venu de se dire dans une position d'infériorité vis-à-vis de ses adversaires. En second lieu, M. Maspero fait flèche de tout bois pour montrer
le bien fondé de ses lectures et de ses identifications, jusqu'à parler de
découvertes qui n'avaient pas encore été publiées ; mais il faut mettre
en contrepartie qu'il néglige de mentionner de réelles découvertes qui
étaient déjà publiées dès le mois de septembre, qu'il aurait pu entendre
au *Congrès des Orientalistes* à Paris ou lire dans la *Zeitschrift für aegyptische Sprache*, où l'article de M. Sethe donne le nom de *Merbapen* ou
Merbapou et les deux autres qui sont bien ceux du cinquième, du sixième
et du septième roi de la I_{re} dynastie, car ils sont précédés des titres
de roi de la Haute et de la Basse-Égypte et l'on ne retrouve pas
d'autres noms que ceux-ci dans les listes égyptiennes et grecques. Or,
pourquoi n'en pas faire mention ? pourquoi laisser de côté de propos
délibéré des noms qui auraient pu éclairer sa religion et lui faire trouver la solution du problème qu'il essayait de résoudre ? car enfin j'ai
trouvé les noms de ces rois dans les tombes que j'ai ouvertes à Om el-
Ga'ab et, bon gré mal gré, ces noms sont l'un des facteurs les plus importants dans la solution du problème qui nous occupe tous les deux.

Mais il y a encore mieux et c'est le sujet de ma troisième observation,
M. Maspero a pu lire dans le volume de M. de Morgan : *Recherches sur
les origines de l'Égypte. — Ethnographie préhistorique et tombeau royal
de Négadah*, à propos du tombeau de *Den* qu'il appelle Douni, les phrases
suivantes qui sont de M. Jéquier : « En dehors, et tout autour du tombeau
se trouvait toute une série de petites chambres qui ne figurent pas sur le
plan ; elles en dépendaient certainement et devaient servir de magasins ou
de chambres d'offrandes. La plupart contenaient encore de nombreux
fragments de vases en pierre dure, semblables à ceux de Négadah, et
beaucoup de grandes jarres de terre bouchées avec des cônes d'argile. Sur
ces cônes se retrouvent ici aussi des impressions de cylindre portant la
bannière du roi Den avec son cartouche[1] ou d'autres inscriptions avec

(1) M. Jéquier dans le paragraphe que je cite, et ici notamment car il n'y a pas de
cartouche sur le monument, mais seulement un nom de propriété, a commis un assez

les noms d'autres rois, entre autres celui de ⟨glyph⟩ que nous retrouverons plus loin. Chose plus curieuse encore, quelques-uns de ces cylindres sont les mêmes que ceux de Négadah avec la bannière du roi *Aha* (?) et les représentations d'animaux[1]. » M. Maspero qui a lu avec tant d'attention le chapitre dû à M. Jéquier et critiqué les pages voisines a certainement lu ce passage : pourquoi n'y fait-il pas allusion dans son article ?

En quatrième lieu, je ne comprends pas très bien comment M. Maspero ose accuser ses adversaires. qui ne le sont que malgré eux, je le sais de manière certaine pour ce qui me regarde, de ne pas être « capables de lire les inscriptions et de déterminer la nature des objets à mesure qu'ils les tirent de terre. » Ces lignes ne visent pas M. Jéquier qui n'a jamais été chargé de faire des fouilles ; elles ne peuvent non plus viser M. de Morgan qui n'est pas égyptologue et qui a d'ailleurs su déterminer aussi bien que M. Maspero lui-même les objets qu'il tirait de terre : elles ne peuvent donc viser que moi-même. Or, je le demande, est-il bien étonnant que je me sois mépris sur un monument où M. Maspero lui-même a commis plusieurs lectures fausses? Si malgré tout il voulait donner son avis, rien ne le forçait à le donner prématurément et il restait dans une bien meilleure position en ne le donnant pas, en le réservant comme une pensée de derrière sa tête. pour employer l'une de ses expressions. J'en arrive maintenant à discuter les assertions de M. Maspero une à une.

L'explication du premier bouchon est au plus haut point fantaisiste et je vais le montrer, en ayant soin de répéter ici les hiéroglyphes qui sont les suivants : ⟨hieroglyphs⟩. Ces hiéroglyphes sont renfermés dans un rectangle surmonté d'un épervier et d'un animal typhonien. M. Maspero au lieu de ces hiéroglyphes a lu ceux-ci : ⟨hieroglyphs⟩

grand nombre d'erreurs que je ne saurais prendre à ma charge : il a été trop pressé d'émettre des théories qu'il n'avait pas mûries et qu'il ne pouvait contrôler. Toutefois ce passage exprime une chose réelle.

(1) J. de Morgan, *op. cit.*, p. 234 et 235.

⌂ ⚴ , ou ⚴ , la première lecture étant celle qu'il a donnée à l'*Académie des Inscriptions et Belles-Lettres*, la seconde étant celle qu'il dit préférer dans la *Revue critique*[1]. Le premier signe dans chaque lecture

étant équivalent l'un à l'autre : ⌂ = ▱, je peux parfaitement l'admettre.

Les deux suivants n'offrent d'autre différence que celle des deux types d'armes et ne sauraient constituer une grosse difficulté, qu'il s'agisse d'un casse-tête avec pierre ou qu'il s'agisse d'une matraque, si le signe

⚴ représente une matraque. Le monument donne bien ⚴ et non pas ⚴,

ou ⚴ . Il est évident que ces signes renferment un sens : voyons ce sens. D'après M. Maspero, ce serait celui-ci : *Le Lever des deux types divins en lequel* (ou *auquel*) *les deux Horus se sont unis* : les deux types divins sont Set et Horus et les deux Horus sont également Set et Horus, ce qui revient à dire que Set et Horus sont unis à Set et Horus qui se lèvent, les deux dieux réels s'étant unis à celui qui les représentait. Cette idée est déjà d'une philosophie transcendante à laquelle je ne crois pas que les Égyptiens fussent parvenus au temps où furent faits ces monuments, même si l'on devait reculer ce temps jusqu'à la fin de la IIIe dynastie. Mais il faut voir grâce à quels artifices de pression sur les hiéroglyphes cette traduction est obtenue. Dans l'espèce, on peut lire les signes verticalement ou horizontalement : M. Maspero divise l'inscription en deux colonnes verticales, pendant que j'en fais deux lignes horizontales. Si l'on s'en rapporte à la manière dont sont écrits les noms de *doubles* seuls dans l'écriture hiéroglyphique, c'est moi qui ai raison, car jamais un nom de *double* ne se lit dans le sens qu'a préféré M. Maspero, puisque toujours on lit la partie supérieure de gauche à droite pour redescendre, et jamais de haut en bas pour remonter ensuite.

Donc une première faute de ce chef. De plus l'idéogramme ⚴ n'a jamais signifié *type divin*, ou du moins c'est la première fois qu'on lui attribue ce sens et il faudrait le justifier, ce que l'on n'a pas fait. Le mot

____

(1) Voir plus haut.

sekhem signifie bien *image, statue*, mais c'est un sens dérivé qui n'est
employé qu'à des époques toutes différentes, même de la IIIᵉ dynastie.

De plus encore les signes ⌐ ⌐ , affrontés ou non, ne signifient pas les
deux Horus, mais les *deux dieux*, l'oiseau sur la hache, seul, à deux ou
à trois, a toujours été traduit par M. Maspero lui-même, le dieu, les deux
dieux ou les dieux : pourquoi dès lors changer une traduction que tout

le monde admet puisque le signe échange avec la hache ⌐. Enfin jamais je n'ai rencontré l'abréviation des *deux Horus* pour signifier Horus et Set : M. Maspero qui a une collection si riche d'exemples à citer
aurait bien fait de citer ici quelques phrases où cette abréviation est reçue par les Égyptiens, car il y a tout lieu de croire qu'ils ne songèrent jamais à identifier l'un avec l'autre, ni même à confondre les deux impla-
cables adversaires. Et puis, qu'est-ce que *deux dieux*, car M. Maspero
emploie lui-même cette traduction, qui s'unissent à un lever de
deux types qui ne sont qualifiés de divins que par M. Maspero et non
par le texte. Il est bien plus simple, plus naturel, par conséquent
plus vrai, de traduire comme il suit : « *Ont paru, combattant avec
leurs deux casse-tête, les deux dieux; ils se sont couchés ici* (mot à
mot : coucher en elle, dans la maison du tombeau). Il y a en effet une
opposition évidente entre le mot *khâ* et le mot *hôtep* qui s'emploient
tous deux en parlant du soleil, le premier pour signifier son lever, le second pour signifier son coucher. Ma traduction respecte cette opposition qui est toute naturelle en cette occasion, car ces *deux dieux* avaient
été des adversaires acharnés pendant quarante ans. Au fond cette inscription est la contre-partie du mot si connu : Après avoir été unis pendant la vie, ils ne furent pas désunis dans la mort.

Quels sont maintenant ces *deux dieux* ? Quand les textes égyptiens
emploient cette expression les *deux dieux*, ils parlent de Set et
de Horus, M. Maspero le sait comme moi[1]. Ici, il ne peut y avoir le
moindre doute, puisque Horus et Set sont représentés coiffés de la

____

(1) Maspero, *Histoire des peuples d'Orient*, 4ᵉ édit. p. 41.

double couronne au-dessus du rectangle de la maison. C'est ici qu'intervient une autre argumentation de M. Maspero, et elle lui semble être
coutumière, car il m'a déjà reproché d'avoir ignoré les idées de Mariette
sur les stèles à propos de la stèle du *roi Serpent*. Jadis E. de Rougé a
expliqué fort adroitement un texte embarrassant qu'il avait rencontré
dans un tombeau datant de la Ve dynastie et où il est question d'une femme
appelée : « Sa mère qui l'a enfanté, celle qui voit Horus-Set », et d'une
autre : « Sa mère, celle qui voit son Horus [1].» E. de Rougé en a tiré la
conclusion que le pharaon était désigné de la sorte, car il réunissait
en sa personne la souveraineté de la Haute et de la Basse-Égypte. Cette
explication est sans doute très acceptable [2], mais je ne crois pas qu'elle
ait lieu de s'appliquer dans le cas présent. En effet, on ne peut nier que
cette expression, surtout sous les premières dynasties, ne soit une exception et, évidemment, à la prendre comme dans les deux textes expliqués
par E. de Rougé, elle a un air parfaitement métaphorique [3]; mais vouloir
du premier coup, quand on rencontre une expression, l'expliquer dans
son sens métaphorique, c'est ce qui me semble ne pas procéder avec méthode : il faut d'abord prouver qu'on doit la prendre dans un sens métaphorique. C'est ce que M. Maspero n'a pas fait et ce qu'on ne pourra
pas faire. Si je voulais me servir des moindres particularités, comme
base d'un raisonnement important, je dirais que, dans les exemples
cités par E. de Rougé, les éperviers, symboles de Horus, et l'animal
typhonien, symbole de Set, ne portent pas les attributs de la royauté,
tandis que dans le document en discussion les deux sont coiffés de la
double couronne rouge et blanche que l'on appelle *pschent* et qui sym-

---

(1) Je prie M. Maspero de croire que je connaissais parfaitement les idées de Mariette
sur les stèles et sa classification : je les avais assez étudiées pour mon *Histoire générale
de la sépulture et des funérailles en Égypte*; mais je n'ai pas cru que Mariette pouvait
avoir une opinion sur des objets qu'il n'avait jamais vus. (Cf. *Revue critique*, 1897, p. 114.)

(2) E. de Rougé, *Recherches sur les monuments qu'on peut attribuer aux six premières
dynasties*, p. 45.

(3) On pourrait cependant peut-être, avec tout autant de raison, comprendre la métaphore dans le sens indiqué par le rôle des deux personnages, à savoir qu'une mère avait
vu la lutte fratricide de deux de ses fils, ou qu'elle avait vu son fils venger son père.

bolise la royauté à la fois sur la Haute et la Basse-Égypte. Pour ces
raisons, je ne puis accepter l'interprétation métaphorique et je m'en
tiens à l'interprétation littérale pure et simple, sans pour cela mécon-
naître les grands services que E. de Rougé a rendus à notre science et
même en me souhaitant, sans espérance d'ailleurs de l'obtenir, autant de
valeur qu'à cet homme éminent. Comme conclusion finale, l'interprétation de M. Maspero ne saurait en rien nuire à celle que je propose. Que M. Quibell ait trouvé le même nom de *double* à El-Kâb,
cela ne saurait en rien non plus être contraire à mon interprétation : d'après une conversation que j'ai eue avec M. Max Müller, professeur à Philadelphie, je sais qu'il a retrouvé au moins un autre des
noms que j'ai mis au jour la première année de mes fouilles, et cela
prouve uniquement qu'à El-Kâb on a rendu hommage à Set et à Horus,
comme le fit le roi que M. Quibell a rencontré à El-Kâb et que j'avais
déjà rencontré à Abydos.

Le second bouchon où M. Maspero a cru lire le nom de *Pa hir ouot-
bou*, ce qu'il explique par *la maison du maître d'hôtel*, a été mal reproduit par M. Jéquier qui donne d'ailleurs les signes ⬚ , et non pas ⬚
comme il le faudrait pour justifier la traduction de M. Maspero, tandis
que le monument contient ⬚ . Je laisse de côté les bouchons 3 et 4,
car M. Maspero n'en a presque rien dit, quoiqu'il ait trouvé le moyen
d'avancer une chose qu'il lui serait difficile de prouver, à savoir qu'il y
avait le mot *Djefaou*, ce qu'il lit *Zaoufou*, pour le lire quatre lignes plus
loin *Zoufaou*. Dans le cinquième, s'il est question d'un *enregistreur de
tous les biens* du roi, le nom n'y est pas, ce qui suffit à faire rejeter l'interprétation de M. Maspero, car le sceau contenait toujours le nom de
la personne qui le possédait et c'était même la raison suffisante du sceau
qu'on apposait sur les objets. Mais c'est principalement dans l'interprétation du sixième sceau publié par M. Jéquier que l'interprétation de
M. Maspero prête à la critique et c'est surtout sur ce document qu'il s'est
appuyé pour rejeter jusqu'à la IIIe dynastie l'âge du monument de Set et
de Horus. Il le traduit ainsi : *Celui qui menuise toutes les choses qu'on fait*

à cette femme, l'attaché à l'atelier de charpente de l'enfant royal, en ajou-
tant que ce qui fait l'intérêt du document, c'est le nom de la femme Ha-
pounimaït, nom qui se trouve dans le tombeau d'Amten, avec les mêmes
titres et les mêmes particularités orthographiques, d'après ce qu'il a
expliqué à l'*Académie des Inscriptions et Belles-Lettres*. Je m'inscris en
faux contre ces affirmations, le nom de la reine qui est bien Hapenmât
ne s'écrit pas avec les mêmes signes, car il y a une variante très significative, et elle n'a pas les mêmes titres. Le nom de la reine d'après le

tombeau d'Amten qui est au Musée de Berlin, s'écrit ⟨hiéroglyphes⟩ ; d'après

le monument que j'ai découvert, il s'écrit ⟨hiéroglyphes⟩ . En second lieu,

M. Maspero, après avoir d'abord pris une chouette pour un vautour, ⟨hiéroglyphe⟩

pour ⟨hiéroglyphe⟩, a appelé l'attention de l'*Académie* dont il fait partie sur la concordance existant entre le dernier signe de ce monument et un signe du
tombeau d'Amten qu'il affirmait être fait exactement de même. Le signe
du tombeau d'Amten est ainsi fait ⟨hiéroglyphe⟩[1] et M. Maspero l'a reproduit lui-
même dans son *Histoire des peuples de l'Orient classique*[2], tandis que

le signe contenu sur le bouchon dont il s'agit est ⟨hiéroglyphe⟩ . Je suis bien loin de
nier que le signe sur lequel j'ai appelé l'attention dans le nom de la
reine Hapenmât et celui que je signale ici ne soient pas les mêmes quant
à la valeur ; mais je dis et je pense que la différence dans la forme des
signes, différence qui ne peut être niée, est une preuve de la diversité
des époques. Par conséquent le nom de Hapenmât ne saurait en aucune
façon prouver que l'on doive faire descendre la date du monument où
l'on a trouvé ce document jusqu'à la IIIe dynastie. Le nom de Hapenmât
ne s'était jusqu'ici rencontré qu'une seule fois, car on ne le retrouve
plus dans la suite de l'histoire d'Égypte : qui assure à M. Maspero que

---

(1) Lepsius, *Denkmæler*, vol. III, pl. 6.
(2) Maspero, *Histoire des peuples de l'Orient classique*, vol. I, p. 291.

ce nom n'avait pas été porté auparavant? Mais ce n'est pas tout : M. Maspero, ayant eu à traiter cette question dans un de ses ouvrages sur *La carrière administrative de deux hauts fonctionnaires égyptiens vers la fin de la III⁰ dynastie*, a trouvé là le signe ⳡ dont il établit la valeur; cette valeur est d'après lui : *Moutiou risou*, qu'il traduit par *conseiller d'État pour le Midi*[1]. Or, rencontrant exactement le même signe dans l'expression composée : [hiéroglyphes], il préfère l'expliquer de la sorte : « C'est peut-être une erreur du graveur qui avait employé ⳡ dans un titre expliqué plus haut. C'est peut-être aussi un calembour graphique. ⋂ a la valeur MOUT comme [hiéroglyphes] est donc SOUTON MOUT, et l'orthographe [hiéroglyphes] une orthographe avec redoublement de signe pour rendre le mot MOUT, MAOUT, *la mère*[2]. » On voit qu'entre cette lecture et la lecture récente M SOUTON MOSOU, *de l'enfant royal*, pour un signe qu'il a affirmé être le même, il y a tout un monde. De quel côté est la vérité pour M. Maspero? C'est ce qu'il serait assez difficile de déterminer : si c'est dans l'article de la *Revue critique*, la dissertation de la *Carrière administrative* ne signifie donc rien; si c'est dans cette *Carrière administrative,* à quoi bon avoir écrit l'article de la *Revue critique* avec cet air d'assurance qui ne doute de rien ? Par conséquent, je peux conclure que rien ne prouve qu'il faille faire descendre jusqu'à la III⁰ dynastie la date de ce monument, et qu'au contraire tout concourt à en faire le tombeau de Set et de Horus, car on n'a pas de raisons valables à donner contre cette attribution. Dès lors, comme j'ai rouvé deux squelettes en ce tombeau, comme le voulait l'inscription que je viens de discuter, comment ne pas être amené à conclure que ce sont ceux de Set et de Horus. Je suppose que, dans dix mille ans, le

(1) Maspero, *Études égyptiennes*, t. II, fasc. 2 : *La carrière administrative de deux hauts fonctionnaires égyptiens, vers la fin de la III⁰ dynastie*, p. 197-204, et plus spécialement p. 203 et 204.

(2) *Ibid.,* p. 224, note 2.

bruit de cette controverse ne s'étant pas encore éteint, devant le doute que tant de bruit ait pu se produire pour une œuvre de pure science, un fouilleur curieux, s'efforçant de retrouver les traces des anciennes hypothèses ou théories, rencontre un tombeau où soient deux squelettes avec les deux noms : Maspero, Amélineau, et cette inscription : « Après avoir été divisés de sentiment pendant la vie, ils ont été réunis dans la mort », ne serait-il pas bien fondé à admettre que réellement ce sont nos deux squelettes et que par conséquent nous avons dû exister autrefois ? Il en est absolument de même pour le tombeau de Set et de Horus.

Tout concourt d'ailleurs parmi les objets rencontrés à montrer que ce peut être le tombeau de Set, le père de l'industrie, les armes, les vases en pierre dure, les vases en métal, etc. Il n'est pas jusqu'à la place de ce tombeau qui ne concorde avec mon sentiment. On n'avait pas enterré les deux adversaires près du civilisateur pacifique, Osiris : on les avait relégués à l'extrémité sud-ouest de la nécropole, séparés de tous les autres morts inhumés près d'Osiris, et, chose curieuse ! la mémoire de la postérité semble s'être détachée d'eux peu à peu, car je n'ai rencontré presque aucune trace du culte rendu pendant si longtemps et d'une manière si abondante au Dieu bon, Osiris.

M. Maspero a fait à propos du tombeau d'Osiris deux hypothèses qui lui ont semblé également probables : la première, que c'était le tombeau d'un pharaon qui se serait appelé d'un nom approchant de celui d'Osiris ou de l'un de ces surnoms ; la seconde, que le tombeau n'était qu'une chapelle votive. Pour justifier la première de ces hypothèses, il s'est attaché à faire plusieurs raisonnements démontrant que l'antiquité du monument n'était pas celle qui conviendrait au tombeau d'Osiris : il a parlé du mode de construction au sujet duquel on lui aurait donné des détails très significatifs : sans vouloir citer de nom propre, il a affirmé qu'après mon départ d'Abydos, quelqu'un avait *gratté* le sable et vu le mode de construction, que tout y ressemblait aux autres tombeaux, que par conséquent la tombe d'Osiris ne dépassait pas en antiquité la troisième dynastie. Or, quand je quittai Abydos, plusieurs égyptologues y étaient déjà venus et avaient dû se contenter de voir le site tel qu'il existait après les travaux. L'un d'entre eux, M. Daressy, conservateur-adjoint au Musée de Gizeh, y resta après mon départ, par l'ordre même de son chef hiérarchique, M. Loret, directeur général du Service des Antiquités en Égypte, et cela en vue de faire ouvrir à nouveau l'intérieur du tombeau et d'en extraire le lit d'Osiris pour le transporter au Musée de Gizeh. Ce ne peut donc être que lui qui aurait *gratté*, et je ne peux croire qu'il l'ait fait, parce que M. Loret ne lui en avait pas encore donné l'ordre et qu'il n'avait pas les fonds nécessaires. Ce qu'on avait pu parfaitement voir et ce qu'on a vu, c'est la construction du tombeau de Perabsen, parce que les murs de ce tombeau avaient été laissés parfaitement visibles. D'ailleurs, et je ne fais aucune difficulté de l'avouer, car je l'ai déjà dit moi-même, le mode de construction et les matériaux sont exactement les mêmes.

M. Maspero, en cherchant à attribuer le tombeau d'Osiris à un pharaon, s'est arrêté sur un pharaon de la Ire dynastie, le quatrième de la liste de Manéthon, nommé Ouénéphès : Ουενεφης, Ουεννεφης et M. Maspero ajoute : Ουενεφρης, d'après le Compte rendu officiel des séances de l'Académie des Inscriptions et Belles-Lettres, variante que je n'ai jamais vue pour ma part dans l'édition de Manéthon dont je me sers[1]. Ce Pharaon Ouénéphès aurait un nom qui serait la transcription exacte du surnom d'Osiris *Ouonnofer*, l'Être bon, et ce serait cette particularité qui aurait fait confondre plus tard le dieu avec le pharaon et qui serait cause que l'on eût descendu dans le tombeau de celui-ci un monument dédié à celui-là. Tout d'abord, il n'est pas un seul lecteur qui ne voie combien cette explication est laborieuse, et même tout à fait impossible. Elle est d'autant plus impossible que le roi choisi est le quatrième de la première dynastie, et plus l'époque se rapprochera de celle d'Osiris, plus la confusion nécessaire pour étayer la thèse de mon contradicteur sera invraisemblable, car c'était précisément l'époque où les traditions sur Osiris devaient être en pleine vigueur. En outre, nous connaissons en Égypte des milliers de tombeaux; nous connaissons en particulier de cette même époque, soit à Neggadeh, soit à El-'Amrah, soit à Om el-

(1) C'est l'édition de Robert Fruin, publiée à La Haye en 1847.

Ga'ab, au moins deux mille tombes : dans aucune, sauf dans celle dont il s'agirait, on n'a trouvé quoi que soit qui y fût étranger : ce serait donc un exemple unique, et par conséquent la chose, si elle peut être métaphysiquement vraie, n'est pas vraisemblable, comme contraire à toute la tradition égyptienne. D'ailleurs M. Maspero admettra plus loin que le lit d'Osiris est d'une date très rapprochée de nous : il faudrait que ce fût en ce moment qu'ait eu lieu la confusion dont il parle ; mais en ce moment, si on a pu faire la confusion, le souvenir d'Osiris et du roi n'était plus conservé que comme une vague tradition, si même la mémoire de ce dernier survivait encore ; par conséquent le choix de son tombeau pour honorer Osiris n'est pas plus vraisemblable de ce côté. Mais il y a mieux : nous avons des transcriptions grecques de ce nom d'Ouonnofer. Toutes elles s'accordent pour transcrire le nom Οννοφις, Οννοφρις, Ομφις (ce qui doit être une faute). Nous avons en outre une quantité très grande de noms contenant le mot égyptien *nofer*, et dans tous ces noms ce mot est transcrit νουφι, νουφις, νοφρις. Partout il y a *i* bref. Au contraire dans l'exemple apporté par M. Maspero, il y a un *i* long, η ; Ουενεφης ou Ουενεφρης. Première étrangeté dont il faut tenir compte. En voici une seconde : le mot *Ouonnofer* s'écrit par deux *n* médiaux dont l'un termine la première et l'autre commence la seconde partie du nom : dans l'orthographe la plus usuelle du nom Ουενεφης, il n'y a qu'un ν alors qu'il en faudrait deux, mais je n'insiste pas sur ce point parce que la recension d'Eusèbe donne l'orthographe Ουεννεφης. Quant à la terminaison ρης de Ουενεφρης, elle est dans toutes les transcriptions de noms royaux égyptiens réservée pour transcrire le signe ⊙, *Râ* : par conséquent une telle transcription n'est pas vraisemblable à cause de ces trois raisons. D'ailleurs, les Égyptiens connaissaient sur leurs listes, et particulièrement à Abydos, le quatrième roi de la Ire dynastie, lequel était aussi le quatrième de la liste totale des pharaons, et le nom de ce roi en égyptien est 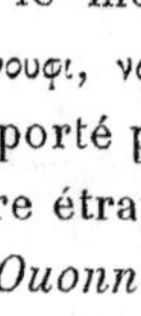, qui n'a pas le moindre rapport avec Osiris. Ainsi, nous aurions, comme mobile d'un acte très remarquable de vénération pour Osiris, un rapport entre un surnom d'Osiris et un nom de roi, rapport qui

en dernière analyse n'existe pas. Il faut avouer que ce serait un cas curieux, qui n'aurait aucun correspondant pendant toute l'histoire de l'Empire égyptien. Et remarquez bien qu'on ne peut ici dire que le mot Ouénéphès était le prénom du roi, car, quand même la chose serait exacte et
nous n'en savons rien, nous n'en pouvons rien savoir, il est plus que
probable qu'à l'époque à laquelle M. Maspero incline à croire que cette
confusion était possible, le roi qui l'a faite, — ce ne pouvait être qu'un
roi, — devait connaître le nom de l'un de ses prédécesseurs et savoir
que ce nom officiel était Ata, tandis que le prénom devait être oublié du
plus grand nombre. Le raisonnement de M. Maspero et sa tentative sont
donc instables au plus haut degré. Par conséquent il ne peut être question de cette première hypothèse pour renverser l'identification du
monument avec le tombeau d'Osiris.

La seconde hypothèse produite par M. Maspero paraît au premier
abord beaucoup plus vraisemblable, car il a parlé d'une chapelle qui
aurait peut-être été érigée en mémoire d'Osiris et a rappelé un exemple
moderne, à savoir le Saint-Sépulcre de Bologne construit par la piété
des Bolonais à l'imitation du Saint-Sépulcre de Jérusalem : les deux faits
lui semblent pouvoir s'expliquer l'un par l'autre. Il y a beaucoup à dire
contre cette nouvelle hypothèse : d'abord elle est contraire à toute la
tradition égyptienne qui place à Abydos, non une chapelle votive en
l'honneur d'Osiris, mais le tombeau même où le chef d'Osiris était conservé. De plus, on ne construit d'habitude des chapelles votives qu'en
l'honneur d'un dieu ou de saints personnages. Osiris n'était pas encore
dieu, ni même un saint au sens précis et actuel de ce mot : c'était simplement un homme comme les autres, ayant gouverné l'Égypte pendant
sa vie, malheureux en sa mort et qui avait eu la chance d'avoir une
épouse énergique et rusée pour le venger. Ces sortes de chapelles sont
construites soit en des lieux sur lesquels on veut appeler la protection
du personnage, soit en des lieux simplement éloignés dans lesquels on
ne peut, à cause de la distance, satisfaire la dévotion populaire. Or, ni
l'un ni l'autre de ces deux cas ne pouvait se présenter à Abydos, puisque
cette ville possédait un temple spécial dédié personnellement à Osiris,

le temple de *Kom es-Soultan*, qui était bien plus grand, bien plus riche qu'une simple chapelle : ce temple naturellement avait été construit longtemps après la mort d'Osiris, comme le fait a toujours eu lieu dans toutes les religions et à toutes les époques, alors que la légende a eu le temps de complètement dénaturer, je veux dire diviniser ou simplement sanctifier, les faits de l'histoire vraie. De même, Abydos n'avait pas besoin d'une chapelle bâtie en plein désert, entourée de tombeaux formant une nécropole bien distincte, car la chapelle aurait été située à trois kilomètres environ du temple élevé en l'honneur d'Osiris. Au contraire l'on comprend très bien que les Bolonais, dont la ville n'était pas auprès du Saint-Sépulcre de Jérusalem, aient cru éprouver le besoin d'avoir une chapelle rappelant à leur piété chrétienne le Saint-Sépulcre de Jérusalem, tandis que les habitants d'Abydos, n'ayant que trois kilomètres, au plus à parcourir, ne devaient pas éprouver un besoin semblable qu'ils pouvaient satisfaire dans leur ville même, et leur conduite serait incompréhensible s'ils avaient choisi comme lieu propice pour élever la construction dont il est question un terrain situé à trois kilomètres du temple d'Osiris, tandis que la con luite des Bolonais construisant leur Saint-Sépulcre dans l'enceinte même de leur ville est facilement compréhensible. J'ajouterai encore que ce n'est pas l'habitude de creuser des chapelles dans la terre, on les élève d'ordinaire au-dessus de la terre, tandis qu'au contraire, c'est bien l'habitude des hommes de creuser leurs tombes dans les entrailles du sol. Je pourrais enfin faire observer que c'est un manque de méthode d'arguer des coutumes chrétiennes pendant le moyen âge pour expliquer la fondation d'un monument en Égypte à une époque d'une antiquité fabuleuse.

Il y a d'ailleurs un argument autrement probant en faveur de ma thèse et je vais l'expliquer ici tout au long. Le lecteur sait déjà, par ce qui précède et par les brochures que j'ai publiées, que le tombeau que je soutiens être celui d'Osiris était entouré d'un monceau de décombres immense, que ces décombres se composaient de sable et de débris de poteries ou de pots intacts, en même temps que d'autres objets apportés là comme offrandes par les fidèles, que la colline sous laquelle était le tombeau d'Osiris avait, quand je l'eus fouillée, une étendue de 140 mètres de long sur 100 mètres de large, et que primitivement elle avait 73 mètres de longueur sur 173^m,50 de largeur et une hauteur moyenne de 8 à 9 mètres. Cela prouve qu'il y avait en cet endroit plus que le culte rendu par une famille à ses ancêtres, que toute une ville y avait pris part pendant de longs siècles, et, en effet, comme je l'ai déjà dit, j'y ai trouvé des monuments depuis Ménès jusqu'aux Ptolémées. Nous connaissons d'autres tombeaux royaux de rois de la troisième dynastie, pour ne pas parler de ceux de la quatrième et de la cinquième : en aucun cas on n'a trouvé de semblables monticules d'offrandes, quoique le culte des ancêtres ait duré des siècles et des siècles pour tel ou tel prince. Jusqu'ici il n'y a qu'un seul exemple d'un culte pareil, c'est celui précisément que nous a offert le tombeau d'Osiris. Ce culte s'était exprimé par les moyens ordinaires du culte des ancêtres, c'est-à-dire par des apports considérables des provisions en usage en chaque période de temps, eau, vin, végétaux, céréales, viandes et poissons, etc., sans compter le mobilier ou les étoffes. C'est un signe indubitable qu'on croyait que le mort en avait besoin, que par conséquent tout le cadavre d'abord, ou tout le squelette ensuite, ou seulement une partie, y était conservé. Ici c'était la tête d'Osiris, tête que j'ai trouvée : c'est donc une question parfaitement oiseuse que de me demander si j'ai découvert le squelette, ou même la momie (!!) d'Osiris : je n'ai trouvé que ce que je devais trouver après l'incendie allumé. Il s'agit donc bien d'un tombeau, et non d'une chapelle, et je n'imagine pas que jamais les hommes aient été assez crédules et dénués de bon sens pour aller porter à l'image d'un tombeau de la nourriture, des provisions considérables, des monuments de toutes sortes, comme le cas aurait eu lieu si l'on avait rendu un culte à la chapelle votive d'Osiris, ainsi que l'a dit M. Maspero : à Bologne, puisque Bologne il y a, l'on se contente d'allumer des cierges, sans porter des hectolitres de céréales, des quantités considérables d'autres provisions, parce qu'on rend un culte au tombeau lui-même en souvenir du véritable tombeau situé à Jérusalem et de celui que l'on y déposa. Ce culte ne se comprendrait donc pas s'il n'eût visé que le tombeau sans relique d'Osiris, mais il se comprend très bien et est une pratique tout à fait humaine s'il avait Osiris lui-même pour objectif.

La déposition d'un monument tel que le lit d'Osiris dans une tombe, et non dans une chapelle votive, se comprend ainsi très bien ; aussi ne reviendrais-je pas sur ce sujet, si M. Maspero n'avait reproduit à ce propos des arguments semblables à ceux qu'il avait imaginés contre le tombeau lui-même. Il a parlé de rapports qui lui avaient été envoyés d'Égypte, lesquels établissaient d'après la vue même du monument que la facture devait en être reportée à une époque allant de la XVIIIᵉ à la XXIIᵉ dynastie. Comme je déclarais la chose tout à fait impossible, puisque le monument avait été enfermé dans une enceinte de briques, d'après mes ordres, avant que le tombeau ne fût comblé de nouveau, M. Maspero se rabattit sur certains fragments qui avaient été déposés chez l'inspecteur d'Abydos et notamment sur l'épervier dont j'ai parlé et que j'avais trouvé détaché du monument deux semaines environ avant d'avoir trouvé le tombeau d'Osiris. Or, aucun des voyageurs venus à Abydos pendant ma présence sur les lieux n'a vu quoi que ce soit de ce lit : seul M. Daressy a vu les fragments que j'avais laissés chez l'inspecteur.

Il reste donc bien établi que les objections formulées ne modifient en rien l'identification que j'ai proposée, à savoir que c'est bien le tombeau d'Osiris que j'ai trouvé, ce que les textes appellent *la maison* d'Osiris, ou *l'escalier* du Dieu grand ; que cet Osiris n'était pas considéré comme dieu, mais seulement comme homme, qu'on lui donnait en cette qualité les épithètes qu'on donnait aux autres défunts ; qu'en qualité de défunt on lui rendait le culte funéraire absolument comme aux autres hommes ; que son tombeau n'était pas une vaine image élevée en souvenir de ce que l'on rapportait de sa vie, mais un tombeau véritable, renfermant ce qu'il devait renfermer d'après la légende, croyait-on jusqu'ici, mais aujourd'hui d'après un ensemble de faits pieusement conservés par la mémoire des Égyptiens reconnaissants[1]. Toutes les objections comme

______

(1) M. Maspero a écrit que *l'escalier du Dieu grand* était au temple de *Kom es-Soul-*

celles que je viens de réfuter restent nulles et non avenues devant l'éloquence de la découverte.

tan; c'est une des erreurs que mes fouilles sont venues rectifier. Cf. Maspero, *Études égyptiennes*, t. I, fasc. 2 : *Étude sur quelques peintures et quelques textes relatifs aux funérailles*, p. 128.

CONCLUSIONS

La découverte du tombeau d'Osiris dans la nécropole d'Om el-Ga'ab est un fait capital dans l'histoire de l'archéologie égyptienne : depuis longtemps il ne s'était pas produit un événement aussi important, car ce tombeau a un rôle prépondérant dans toutes les cérémonies des funérailles en Égypte. Dans les conditions où elle a été effectuée, avec tous les détails qu'elle a permis de vérifier, c'est une découverte qui doit exercer une action décisive sur l'orientation de la science et de la philosophie, car elle est venue prouver que ce que l'on considérait comme de pures légendes avait un fond de vérité et que ceux qu'on regardait comme de vaines ombres avaient réellement existé. Il n'est pas un seul esprit tant soit peu philosophique, ou simplement scientifique, qui ne verra de suite combien cette découverte est grosse de conséquences graves. Aussi n'est il pas étonnant que l'esprit de ceux qui, dans l'ignorance où ils étaient de ce qu'ils ne pouvaient encore savoir, avaient pris une position trop accentuée dans la discussion historique des premières dynasties égyptiennes, ne se cabre avant d'admettre la réalité de la découverte que je viens de porter à la connaissance de tout le monde savant. Je ne saurais exiger que du premier coup l'exposé de mes découvertes emporte l'assentiment unanime : je suis seulement en droit de demander à mes lecteurs d'examiner avec soin, prudence et sans parti-pris, les raisons que j'ai données et que je crois militer en faveur de l'identification que je propose et soutiens. Ils peuvent être certains que je n'ai dit que la vérité et qu'ils ont en main tous les éléments nécessaires à la solution du problème qui leur est posé. Je suis bien certain aussi que d'eux-mêmes ils reconnaîtront mon entière bonne foi.

Je sais à quels reproches je m'expose en disant ma croyance en la réalité historique du personnage d'Osiris. L'on ne m'a jamais fait encore le reproche de crédulité, et j'affirme que, si je crois en la réalité historique d'Osiris, ce n'est point par crédulité, mais seulement d'après des faits qui m'ont paru devoir exiger ma foi tout entière. On m'a déjà accusé d'évhémérisme et j'avoue que je ne comprends pas ce reproche. L'évhémérisme fut salué jadis comme une théorie philosophique expliquant bien des faits qu'on ne pouvait pas expliquer autrement; il eut une durée très grande pour un système philosophique, une vogue immense qu'il n'a perdue que dans notre siècle. On a préféré, à notre époque, admettre des conceptions philosophiques réflexes qui me semblent n'avoir pu naître dans les premiers temps de l'histoire humaine : ce système commence d'être abandonné, on a assez des vaches célestes, des nuages nourriciers, des mythes solaire, lunaire, stellaire et de toute l'armée de raisonnements qu'on a construits sur des bases aussi fragiles : les meilleurs esprits restent sceptiques en face des systèmes écroulés. Le fait est qu'on a trop abusé de l'un et de l'autre, et je suis bien certain pour ma part de n'être pas évhémériste. Évhémère avait, ou l'on avait pour lui trop étendu son idée qui était bonne, et l'on expliquait la genèse de tous les dieux par une vie antérieure ayant laissé des souvenirs dans la mémoire des hommes : je ne saurais être de cette école, pas plus que je ne suis de l'école des phénomènes sidéraux ou atmosphériques. J'ai réfléchi souvent et longuement à la genèse des religions et, pour bien dire, ma vie tout entière a été occupée par l'étude de ce difficile problème : je suis persuadé que les divers éléments qui ont contribué, pour une part plus ou moins grande, à la formation des religions naturelles, sont au nombre de cinq ou six. Ce n'est pas le lieu de développer ici les raisons de ma persuasion ; je me contenterai d'espérer que la découverte de la réalité historique d'Osiris pèsera d'un grand poids dans la balance philosophique et je me tiendrai très heureux d'avoir été l'instrument choisi pour la produire en pleine lumière scientifique.

La Tremblaye, 4 juillet 1898.

IMP. CAMIS ET Cⁱᵉ, PARIS. — SECTION ORIENTALE A. BURDIN, ANGERS.

TABLE DES PLANCHES

Planche I. No 1. — Vue de la butte couvrant le tombeau d'Osiris, côté sud-est.
No 2. — Vue de la même butte, côté nord-est.
No 3. — Fouilles du tombeau d'Osiris : mur est bâti par les spoliateurs.
No 4. — Fouilles préliminaires sur le site du tombeau.

Planche II. No 5. — Vue du tombeau, face nord, avec le monument déjà déplacé.
No 6. — Vue du tombeau déjà recouvert.
No 7. — Vue du tombeau, côté est.
No 8. — Vue du tombeau, fouilles initiales du côté ouest.

Planche III. No 9. — Monument ou lit d'Osiris au moment de la trouvaille, incomplètement déblayé.
No 10. — Le même, complètement déblayé.
No 11. — Le monument relevé et mis de face.
No 12. — Côté gauche du monument d'Osiris en regardant de la tête.

Planche IV. No 13. — Vue du monument, partie antérieure.
No 14. — Vue de la partie postérieure du monument et de l'escalier du tombeau.
No 15. — Vue du milieu du lit, les sceptres et le reste de l'oiseau représentant Isis.
No 16. — Tête de Christ (?) dessinée au charbon sur un vase cylindrique.

Planche V. — A droite, bas, inscription hiératique donnant le nom du tombeau d'Osiris.
A gauche, bas, inscription hiératique datée du règne de Ramsès II.
A droite, haut, bouchon d'un vase déposé dans le tombeau des *deux Dieux*, petite formule.
Au milieu, haut, le même bouchon, formule complète.
A gauche, haut, bouchon d'un vase déposé par une reine nommée Hepenmât.

Les numéros de ces planches ont été mis par le phototypeur, de son chef, et les planches ont été tirées sans que j'aie donné le bon à tirer. La responsabilité du désordre dans lequel les clichés que j'ai fournis ont été placés ne saurait donc m'incomber.

NOTA

La date de ce livre montrera quand il a été composé. Des difficultés dans lesquelles je ne suis entré pour rien en ont retardé l'apparition. Dans mon intention, ce livre aurait dû paraître au plus tard fin octobre 1898. Au moment où je l'écrivis, je croyais en toute sincérité que le crâne trouvé dans le tombeau d'Osiris était celui du Dieu lui-même. Si je n'ai pas fait examiner ce crâne, c'est que l'examen avait été réservé à quelqu'un qui n'a pu le faire. Cette année je l'ai remis à un spécialiste et il m'a affirmé que sans doute ce n'était pas un crâne d'homme. Je porte ce fait à la connaissance de mes lecteurs. Donc, si ce résultat se confirme, il n'y a pas lieu de faire fond sur la présence de cette tête dans le tombeau d'Osiris ni sur les arguments que j'en ai tirés ; mais les conclusions générales restent intactes.

La Tremblaye, 15 *juin* 1899.

3

4

2

1

Phototypie Berthaud, Paris.

8

6

5

7

Phototypie Berthaud, Paris.

11

12

9

10

16

15

14

13